Kurt von Wistinghausen

Der neue Gottesdienst

Kurt von Wistinghausen

# Der neue Gottesdienst

Urachhaus

*Dem Gedächtnis*
*an Gottfried Husemann (1900–1972),*
*dem der Verfasser*
*manche Anregung zu einzelnen*
*Formulierungen verdankt.*

4. Auflage (16.–19. Tausend) 1987

ISBN 3878383037

Satz und Druck der Offizin Chr. Scheufele, Stuttgart.

# Inhalt

# Vorbemerkung

So wie ein musikalisches Erlebnis nicht durch Beschreibung oder Erläuterung hervorgerufen werden kann, sondern nur durch Anhören oder Ausüben der Musik selbst, wird auch der kultische Gottesdienst nur durch lebendige Teilnahme an ihm zum Erlebnis und zur Wirklichkeit. Die Schilderung und – wo notwendig – Erklärung der kultischen Vorgänge vermag niemals die Beteiligung an der gottesdienstlichen Feier selbst zu ersetzen. Zur Einführung oder zur nachträglichen klärenden Überschau mag sie jedoch denjenigen Zeitgenossen dienen, die das Bedürfnis nach einer gedanklichen Verarbeitung der vom Kultus vermittelten Eindrücke und Aufgaben spüren – erst recht an der Schwelle der Achtzigerjahre unseres Jahrhunderts, einer Zeit, in der viele junge Menschen aus tiefen Schicksalsgründen heraus die Menschenweihehandlung suchen.

Dem immer wieder geäußerten Wunsch danach soll die vorliegende Einführung entgegenkommen. Sie will dem mitten im Leben der heutigen Zeit stehenden Menschen einen Weg bahnen helfen aus dem Alltagsbewußtsein zu einem vorurteilsfreien Denken und offenen Herzen gegenüber diesem vor die Sinne tretenden »übersinnlichen« Vorgang. Kenntnisse oder bestimmte Überzeugungen werden dabei nicht vorausgesetzt.

Einer solchen Aufgabe gerecht zu werden, gibt es verschiedene Methoden und Stilarten. Der Kultus selbst ist es, der die mannigfaltigsten Erlebnis- und Gedankenarten anregt, die naturgemäß nicht alle in einer kurzen Schrift zum Ausdruck kommen können. *Eine* mögliche Art der Schilderung und behutsamen Deutung soll hier versucht werden. Mit vollem Bewußtsein ist die Darstellung knapp und – an der Erhabenheit des Gegenstandes gemessen – nüchtern gehalten.

Wir sprechen von einem »neuen Gottesdienst«, da die Menschenweihehandlung in diesem Jahrhundert für unsere Gegenwart und Zukunft – unabhängig von geschichtlichen Gottesdienstformen – Gestalt gewonnen hat. Doch sind es, wie wir zeigen wollen, ewig gültige Geistgesetze, nach denen sie verläuft. Es sind die höheren Ordnungen, die Goethe in seinem Gedicht »Vermächtnis« angesprochen hat:

...

»Das Sein ist ewig, denn Gesetze
Bewahren die lebendigen Schätze,
Aus welchen sich das All geschmückt.

Das Wahre war schon längst gefunden,
Hat edle Geisterschaft verbunden,
Das alte Wahre, faß es an!
Verdank es, Erdensohn, dem Weisen,
Der ihr die Sonne zu umkreisen
Und dem Geschwister wies die Bahn...«

# Der Kultus und die Gemeinde

Dem Christen unserer Zeit ist im allgemeinen aus dem Bewußtsein entschwunden, was die Sprache meint, wenn von Gottes*diensten* gesprochen wird. In Stunden der Andacht, so sagt sie, soll etwas getan werden: »Dienst« deutet auf eine Tätigkeit. Es ist kein äußerer Dienst wie in Beruf und Alltag, aber ein innerer, eben ein Gottesdienst. Die ihre Aufgabe voll verstehende Gemeinde versammelt sich daher nicht, um geistvolle Gedanken, auch nicht um die Auslegung des Bibelwortes zu hören oder um moralisch erbaut zu werden – das alles kommt erst in zweiter und dritter Linie –, sondern um an einem Gott dienenden Geschehen teilzunehmen und etwas zu vollbringen, was für Mensch und Welt von Bedeutung ist. – Jahrhunderte protestantischer Predigtkultur haben diese Grund-Einsicht des religiösen Lebens zugedeckt. Aus der Kirche wurde ein Hörsaal, aus dem Priester der »Kanzelredner«. Seinem ursprünglichen Wesen nach ist der Gottesdienst zu allen Zeiten eine Tat der Hingabe, das heißt aber wörtlich: eine »Opferhandlung«, gewesen. Für unsere Zeit hat die Christengemeinschaft den Gottesdienst neu zur Weihehandlung erhoben.

Bedarf aber Gott eines menschlichen Dienstes? Ist sein Walten nicht ohne jede menschliche Zu-Tat aus reiner Gnade da? Diesen Fragen stelle man ganz schlicht die

Christus-Worte gegenüber: »Bittet, so wird euch gegeben; suchet, so werdet ihr finden; klopfet an, so wird euch aufgetan...« Die Aufforderung ist an den Menschen gerichtet. Gott bedarf der Frage, um seine segnende Antwort geben zu können. Bittend, suchend, anklopfend versammelt sich die Gemeinde, um einen Weg zu bahnen aus der alltäglichen Gottesferne in die Welt des Geistes und der Gnade. Gott dienen heißt: ihn sich ins Bewußtsein rufen, sich ihm öffnen, sich seinem Walten zur Verfügung stellen und seine Kraft empfangen. Was aber heißt das anderes als: Beten?

Der Kultus-Gottesdienst, wie ihn die Christengemeinschaft pflegt, ist ein einziges großes, reich gegliedertes Gebet – nicht ein solches des einzelnen, sondern eins der Gemeinschaft. Man wohnt ihm nicht bei, um für sich etwas »haben« zu wollen, um sich an Kenntnissen zu bereichern und Neues zu erfahren, sondern um sich an dem tätigen Beten zu beteiligen. Er wird nicht vom Priester »für« eine Gemeinde vollzogen, vielmehr ist er die Tat dieser Gemeinde selbst. Der Mitfeiernde folgt in seinem Innern, so konzentriert wie er es vermag, dem Weiheworte, läßt seine Sinne dabei auf dem Altargeschehen ruhen und betet so den Kultus mit – während der Priester als Mund und Hand der Gemeinde den gemeinsamen Dienst vollzieht.

Was am Altar gesprochen und getan wird, entstammt aber nicht persönlicher Meinung und Stimmung, natürlich auch nicht der des Priesters. Es beruht auf einer höheren Ordnung, die uns Menschen allen gleichermaßen entspricht. Dabei kann jeder mit seiner besonderen Wesensart, mit seinen Gedanken, Fragen und Sorgen, nach seiner Fähigkeit, mit seinem Lob und Dank in den großen überpersönlichen Strom des Kultus einmünden, um ihn zu erleben, zu verstärken und zu erfüllen. Dadurch schließt die Weihehandlung die Menschen zusammen und bildet Gemeinschaft.

Kultus läßt sich weder ausdenken noch zusammenstellen oder erdichten. Er kann nur aus tieferen Quellen entströmen als aus menschlicher Überlegung und Absicht. Und dadurch ist er es, der seinerseits dem religiösen Denken und Empfinden Inhalt und Leben einhaucht. Er enthält gleichwohl nichts, was dem erkennenden Überschauen nicht zugänglich wäre.

Wenn in der Christengemeinschaft der ihr anvertraute Kultus als hohes Geschenk betrachtet und mit Sorgfalt verwaltet wird, so enthebt das die Gemeinschaft und den einzelnen nicht der geschilderten Aktivität. Der Kultus nimmt nicht, wie vielfach irrtümlich gedacht wird, dem Teilnehmer sein Geistesstreben ab, indem er ihm die Wirklichkeit der Christuswelt vor Augen führt. Er tut es genausowenig, wie ein tiefgründiges Buch den Menschen bildet, ohne aufmerksam gelesen zu werden, oder wie die Darbietung hoher Kunst ihn beseelt, ohne daß der Zuschauer sein Herz ihr öffnet. Er stellt mit seinem Wort, Bild und Geschehen eine bestimmte Geistessprache dar, die wir lernen und in die wir einstimmen mögen – oder nicht. Vielen Suchenden ist diese gemäß; ja sie entspricht dem eignen Wollen des Menschen, der sich dem Dienst am Geiste zur Verfügung stellen will. Der eine merkt das sofort bei der ersten Begegnung, der andere muß sich vielleicht durch längere Zeit einleben.

Wir sprechen von einem willentlichen Mitgehen. Dieses hat aber andererseits eine ruhige Gelassenheit und Geduld zur Vorbedingung. Wer die Teilnahme als »zu schwer« empfindet, geht vielleicht zu einseitig vor, indem er den Willen herausfordert. Im bereitwilligen Wahrnehmen der Vorgänge des Kultus liegt schon ein erster Schritt in dessen Welt. Der Mensch der modernen Kultur muß erst wieder beten lernen. Schritt für Schritt kann auch die Teilnahme am Gottesdienst »gelernt« und vertieft werden. Jedes Ausharren der Seele und jedes schrittweise Eingehen auf das Geschehen kommt ihr letzten Endes zugute. Der eine Teilnehmer ergänzt dabei in aller Stille den anderen: Die Gemeinschaft trägt den einzelnen. Man lernt neu das wache Zuhören und das Sprechen, indem man das Kultusgebet innerlich mitspricht.

Die Wiederholung spielt im Kultus eine heilsame Rolle. Wie Herzschlag und Atem unermüdlich den Ablauf unseres Lebens gliedern, wie Tageslauf, Abend und Morgen einander folgen, so führt uns auch der Kultus in einen atmenden Rhythmus. Jede stetige Wiederholung eines Eindrucks – das wissen wir vom Lernen her – vertieft und befestigt diesen. Die großen, reinen Worte des Geistes – wie zum Beispiel auch den Wortlaut des Vaterunsers – wird man nicht müde zu hören und zu sprechen. »Langeweile« kann nur eintreten, wenn Neuigkeiten erwartet werden, wo allein Vertiefung in schon bekannte Worte einem geistige Tore zu erschließen vermag. Den unzähligen, auf den Menschen unserer Zeit einhämmernden Eindrücken des modernen Lebens mit seinem Verkehr, dem Radio, dem Fernsehen usw. tritt heilend und ausgleichend das wiederholte ruhevolle Bild-Geschehen des Kultus gegenüber.

Im wesentlichen hat der kultische Gottesdienst seinen ehern gleichbleibenden Gang. Als eine Überleitung aus dem zeitlichen Wechsel zu diesen immer gültigen Schritten durch die Hauptteile können die von den Festen und den Jahreszeiten her bestimmten Eingangs- und Abschluß-Gebete und die mit ihnen verwobenen wechselnden Farben am Altar und Priestergewand verstanden und erlebt werden, ebenso die wechselnde Evangelienverlesung und die kurze Ansprache (Predigt). Wenn die Gemeinde außer durch die Bekreuzigung, das Stehen bei der Verlesung des Evangeliums und durch das Vortreten zur Kommunion sowie durch das Mitsingen des eingefügten Gemeindegesangs sich sonst nicht im Gottesdienst aktiv betätigt, so bedeutet das nicht, daß sie passiv bleibt. Ihre in der entstehenden Stille stark spürbare Tätigkeit ist eben eine innere.

»Menschenweihehandlung« ist die Bezeichnung des täglichen Gottesdienstes der Christengemeinschaft. Die Feier gibt dem Menschen seine Würde und Weihe, indem sie ihn lehrt, sich zu Christus hinzuwenden, ihm zu dienen und mit ihm zu wirken. Christentum führt zu wahrem Menschentum. »Ich sage euch hinfort nicht, daß ihr Knechte seid, denn ein Knecht versteht nicht, was sein Herr tut. Euch habe ich gesagt, daß ihr Freunde seid« (Johannes 15,15) – so hatte Christus zu den Menschen gesprochen. – Nicht der Mensch, sondern Gott steht im Mittelpunkt der Menschenweihehandlung. Zu ihm selbst und zu Christus wird gebetet.

Daß der Priester in der Menschenweihehandlung nicht unterweisend zur Gemeinde spricht, sondern *mit* ihr zu Gott betet, kommt im Kultus dadurch zum Ausdruck, daß er die meiste Zeit dem Altar zugewendet zelebriert. Hier unterscheidet sich die Menschenweihehandlung deutlich von der Messe der katholischen Kirche, die seit dem Zweiten Vatikanischen Konzil mit dem Blick zur Gemeinde gefeiert wird. Auch hat die Weihehandlung zwar einen ähnlichen Grund-Aufbau wie die Messe, stellt aber keineswegs eine Übersetzung derselben dar. Mit dem Blick zur Gemeinde wird nur das Evangelium verlesen, das »Christus in euch« gesprochen, die Predigt gehalten und die Kommunion ausgeteilt. Einige der Einschaltungen zu Festzeiten wenden sich ebenso zur Gemeinde.

Der Altar mit dem erhöht dahinter angebrachten Altarbild ist die Stätte, nach der sich das kultische Geschehen orientiert. Der ganze Weiheraum ist so angelegt, daß der Altar den Blickpunkt bildet. In der Symbolsprache des Kultusraumes wird er als der Ort der Berührung von Himmel und Erde, von Geisteswelt und Menschenbereich angesehen. Das Altarbild deutet auf eine übersinnliche Welt. So war es auch in den frühchristlichen Kirchen und denen des Mittelalters bis weithin in die Neuzeit. Erst im Laufe der Jahrhunderte hat die Kanzel, oft an einem weit davon entfernten Platz an der Seite des Kirchenschiffes, einen zweiten Brennpunkt gebildet oder gar – in den reformierten Kirchen – den Altar verdrängt. Ein Weiheraum soll aber nicht nur Versammlungsort sein, sondern Gotteshaus.

Die Christengemeinschaft besitzt noch nicht viele eigene Kirchen und Weiheräume. Die Verhältnisse erlaubten ihr oft noch nicht die »Orientierung«, das heißt ursprünglich: die Anlage des Raumes mit dem Altar im Osten, wie sie bei den Kultbauten der christlichen Vergangenheit weitgehend die Regel war. – Innerlich aber sind die in einem neuen Stil unserer Zeit erbauten oder auch die behelfsweise eingerichteten Weiheräume ganz auf das Altargeschehen hin gestaltet und wenden den Blick nach dem aufgehenden Lichte – dem Lichte, das von Christus für Menschheit und Erde ausstrahlt.

# Der Altar

Der Weiheraum für die Feier des Gottesdienstes hat, wie wir sahen, einen Mittel- und Strahlungspunkt: den Altar. Räumlich liegt er nicht in der Mitte, sondern – in der Regel – an der Ostwand, im Blick der Gemeinde. Die Bezeichnung »Altar« kommt aus dem Lateinischen, von alta ara, das bedeutet »erhöhte Opferstätte«, auch »erhabener Ort«. Schon in vorchristlichen, ja in uralten Zeiten baute die Menschheit zunächst unter freiem Himmel, auf Bergen und in Hainen solche erhöhten Stätten, an denen gebetet und auf denen das Opfer dargebracht wurde. Man brachte damit zum Ausdruck, daß nicht nur der Mensch, sondern mit ihm die *Erde* sich an diesen Stätten dem Himmel entgegenhebe, um den göttlichen Segen zu empfangen.

Im Alten Testament tritt der Altar dem Sinn nach schon bei Kain und Abel, ausdrücklich aber sogleich nach der Sintflut-Katastrophe auf. Das erste, was Noah tut, als er seine Arche wieder auf trockenes Land setzen und verlassen kann, ist, daß er Gott einen Altar baut, um das Opfer darzubringen, das die religiöse Entwicklung der nachatlantischen* Menschheit einleitet (1. Moses 8,20). Er ant-

---

* Die Zeit nach der Sintflut der Bibel wird hier gleichgesetzt mit der nach dem Untergang der uralten »atlantischen« Kulturen.

wortet damit der Stimme Gottes, die nach der Wasserkata-strophe neu zu ihm spricht. Von da her stammen nach der biblischen Darstellung alle die vielfältigen Altäre der spä-teren Völker und Religionen, darunter im besonderen auch die in Stiftshütte und Tempel des israelitischen Volkes.

In der christlichen Kirche ist der Altar nicht nur Opfer-stein. Er bekommt einen neuen Sinn hinzu. Er erinnert an ein *Grab* und gewinnt von da her die langgestreckte Form eines Sarkophags.

Wenn in den urchristlichen Katakomben Roms der Gottesdienst vielfach an und über den Gräbern einzelner Christen gehalten wurde und in der frühchristlichen Kir-che die Altäre bestimmten Märtyrern geweiht waren, deren Gebeine in ihnen bestattet wurden, – gemeint war mit dem Altar letzten Endes das Grab Christi selbst, des-sen Abbild damit in jeder Kirche stand. Ins »Grab der Erde« war einst der Leib des gekreuzigten Herrn versenkt worden; aus dem Grab war er auferstanden: Hier war die Erde wahrhaft erhöht worden, hatte Erhabenheit ange-nommen. Von dem zum Weltaltar gewandelten Grabe nahm das Christentum seinen Ausgang. Jeder Gottes-dienst knüpft an dieses Ur-Ereignis an und verkündet die Botschaft von der Tat Christi und der beginnenden Ver-wandlung der Erde.

Gleichzeitig aber gewann der Altar noch eine weitere Bedeutung: Er wurde zum »Tisch des Herrn«. Schon in alten vorchristlichen Zeiten, als noch äußere Opfergaben dargebracht wurden, durfte ein Teil derselben den gläubi-gen Menschen als Speise und Trank dienen. Im Christen-tum gibt sich der Mensch innerlich der Gotteswelt hin; das ist sein »Opfer« (von offerre, darbringen).* Aber erst recht hier ist er der Empfangende: In neuem, vertieftem Sinne wird jetzt der Altar zur Stätte einer Speisung der Menschen und somit zum »Tisch«.

Der christliche Altar ist Opferstätte, Grab und Tisch zugleich. Unter einem Grab stellen wir uns gemeinhin die Stätte der Auflösung, unter dem Tod die Vernichtung des Lebens vor. Vom Opfertod Christi aber – das ist jener Urglaube des Christentums – ist Aufbau, ist eine geistige Speisung ausgegangen. Das Abendmahl, das Christus am Vorabend seines Todestages mit den Jüngern hielt, geht nach seinem Kreuzestode unsichtbar weiter und speist vom Grabe aus als dem »Tisch des Herrn« die Menschheit. Deshalb sagt Christus beim Abschied in Hinblick auf das Mahl als Gottesdienst: »Das tuet zu meinem Gedächtnis« (Lukas 22,21).

*

In den Weiheräumen der Christengemeinschaft gemahnen die Altäre durch die nach Möglichkeit künstlerisch gestaltete Form, nicht durch das Material, aus dem sie bestehen, an das Grab Christi. Sie enthalten auch keine Reliquien, wie es in der katholischen Kirche noch der Brauch ist. Die oben abschließende Platte kennzeichnet sie als Tische.

Der Altar steht in der Regel um drei Stufen erhöht über dem Fußboden des Weiheraumes. Wenn der Priester am Beginn der Weihehandlung diese Stufen betritt, steigt er

* Einige Sprachforscher leiten das Wort von lateinisch operari = verrichten ab.

andeutungsweise zu einem erhöhten Ort, einem »heiligen Berg« empor, auf dessen Höhe die Handlung am Altare stattfindet. Dies gehört, wie jede Ordnung und Gebärde, zur stillen Sprache des Kultus.

Nicht unverhüllt bietet sich der Altar dem Auge dar, sondern mit der Farbe des Kultus bekleidet und weiß bedeckt. Die Farbe wechselt im Jahreskreislauf nach den Festzeiten und ist die gleiche, die auch der Priester über Talar und weißem Gewande trägt. So ist die Stätte der Anbetung – dieses Stück Erde im Kultus – ganz einbezogen in die menschliche Lebens- und Seelenkraft, mit ihr in die nach dem Rhythmus des Jahres wechselnde Stimmung der Feierstunde.

Auf dem Altar steht zunächst nichts als eine Reihe von sieben Kerzen, die am Beginn der Weihehandlung angezündet und am Ende derselben wieder ausgelöscht werden. Die mittlere ist gegenüber den anderen etwas erhöht, so daß die Reihe eine harmonische Ordnung zeigt. Siebenfach flammt mit dem Gottesdienst geistiges Licht über dem Altare auf. Auch dieses Anzünden und Auslöschen gehört zu jener stummen und doch beredten Sprache der Weihehandlung, auf die wir hinschauend lauschen. – Warum sind es *sieben* Kerzen? wird oft gefragt. Hier waltet eine ähnlich tiefe Gesetzmäßigkeit wie bei den sieben Sternen in der Hand des Herrn der Offenbarung Johannis, bei den sieben Tönen der Tonleiter, den sieben Tagen der Woche oder den Siebenjahres-Rhythmen im Leben (7.–14.–21.–28. Lebensjahr usw.), eine Gesetzmäßigkeit, die der Schöpfung in sieben Tagen (»Weltentagen«) entspricht.

Über den Kerzen sehen wir das Altarbild. So wie der Altar selbst das Grab darstellt, über dem wir die Auferstehung Christi feiern und uns ihrer verwandelnden Kraft hingeben, zeigt das Bild den Gekreuzigten auf Golgatha, darüber den auferstehenden Todesüberwinder, den gegenwärtigen Herrn der Himmelskraft auf Erden.* Durch die malerischen Mittel wird der Blick aus der Sinnenwelt leise hinübergelenkt in die übersinnliche, die sich uns im Mitfeiern auftun will.

An den Altar tritt bei der Menschenweihehandlung der Priester; auf ihn stellt er den Kelch für den Wein (reinen Traubensaft) und die Schale mit dem Brot, die in das verwandelnde Geschehen einbezogen werden. Mit dem Blick zum Christusbilde spricht er die Altargebete, hebt er die Substanzen bei Opfer und Wandlung empor. Vom Altar trägt er Brot und Wein zur Gemeinde.

In der Mitte der Weihehandlung, vor dem Teil, den wir »die Wandlung« nennen, wird der Altar mit Weihrauch umhüllt: Nun ist er der »äußeren« Welt enthoben und in eine innere, die der Andacht, eingefügt. Erde und Geistwelt berühren sich in diesem Feieraugenblick.

*

Der die Weihehandlung vollziehende Priester steht vor dem Altar, aber nicht ständig an einer Stelle. Zuerst, zur einleitenden »Epistel«, dem im Jahreslauf wechselnden Gebet, tritt er nach rechts, zur »Evangelienlesung« und ihrer Vorbereitung nach links – immer von der Gemeinde

* Auch das Motiv der göttlichen Dreieinigkeit ist aus der Farbe heraus gestaltet worden.

aus gesehen. Zur »Opferung« wieder nach rechts. Dann bleibt er in der Mitte stehen. Doch das Buch mit dem Kultuswort wird durch den Ministranten (den Altarhelfer) noch einmal zur »Wandlung« nach links und zuletzt zur »Kommunion« und zum abschließenden Teil nach rechts getragen. So verläuft die Weihehandlung in einem ruhigen Wechsel von der einen Seite des Altars zur anderen und findet die Mitte.

*

Jedes Zwiegespräch unter Menschen ist ein Austausch von tätiger und hinhörender Beteiligung. Auch das Gebet, die Zwiesprache mit Gott, verläuft zwischen gnadevollem Empfangen und tätiger Hingabe. Der Wechsel der beiden Seiten des Altares deutet auf dieses Urgesetz hin. Wir Menschen sind nicht einfach symmetrisch gebaut, weder körperlich noch seelisch. Mit der linken, der Seite des Herzens, sind wir mehr aufnehmend eingestellt, mit der rechten verhalten wir uns aktiv. In der Verschiedenheit des Gebrauches der Hände kommt dies am sichtbarsten zum Ausdruck. Die rechte greift zu, die linke hilft und gleicht aus. Das Evangelium lernen wir hinhörend empfangen – der Priester verkündet es an der linken Altarseite. Im Opfer geben wir uns der göttlichen Welt hin – es erfolgt rechts am Altar. Ähnlich, nur noch intimer, geschieht es bei der Wandlung und Kommunion.

Wenn der Altar im Osten steht, wird mit diesem Rhythmus zwischen rechts und links auch die Raumesordnung deutlich. Bei Hinwendung zum Altarbild blickt und spricht der Feiernde nach Osten, bei der Umwendung mit dem Antlitz zur Gemeinde nach Westen. Bei der Lesung des Evangeliums tritt er nach Norden, bei der Opferung nach Süden. Ein Kreuz wird andeutungsweise dem Raume eingezeichnet: das der Himmelsrichtungen. Auch dieses gehört – wie eben jede Gebärde des Kultus – zu seiner Sprache, die wir nicht ausdeuten wollen, auf die hinzuhören und die innerlich mitzusprechen es beim Feiern im erneuerten Sinne am Altare aber gerade ankommt: Das Christentum spricht nicht nur die menschliche Innenwelt an, sondern es hängt mit dem Kosmos zusammen.

Der heutige Mensch, der sich einem Altare zuwendet, kommt als Suchender, ja oft als ein »Bettler um den Geist«. – Hier kann er Himmelsspeise empfangen. Der Altar ist ein Abbild der göttlichen Tafel, von der wir Menschen – ob wir es wissen oder nicht – leben, an die der Herr – wie Conrad Ferdinand Meyer es in seinem Gedicht »Alle« sagt – die ganze Erde einlädt »mit allumarmender Gebärde«.

# Die Sprache im Kultus

Bei der Teilnahme am Kultusgottesdienst sind auf eine andächtige Weise alle Sinne beteiligt. Der Mitfeiernde hört nicht nur zu; er sieht den Altar, die Lichter, die Farben, Bewegungen und Gebärden; doch auch der Geruchsinn – durch den Weihrauch –, der Geschmacksinn – bei der Kommunion – und der Tastsinn werden in das hohe Geschehen einbezogen.

Den Hauptanteil hat dennoch das Ohr: durch das Kultuswort wie durch den Gemeindegesang und die Musik. Die Sprache ist, wie es von jeher war, der eigentliche Träger der Verkündigung und des Gebetes. Eine solche Sprache, die nicht dem Alltag und der Nützlichkeit dient, sondern die sich »erhebt«. Wenn vom Altar aus das Evangelium verlesen wird, erhebt sich die Gemeinde von den Plätzen, um es stehend anzuhören. Dieser Vorgang ist ein Zeichen dafür, wie das Evangelium, aber auch das Kultuswort im allgemeinen, aufgenommen wird. Hier erklingt eine Sprache, die nicht »gewöhnlich« gesprochen und die nicht ohne erhöhte Aufmerksamkeit angehört wird. Wir lernen, im Menschenworte das Wort Gottes zu vernehmen.

Mancher neu herantretende Teilnehmer an der Weihehandlung hat schon zum Ausdruck gebracht, wie »ungewöhnlich« die Sprache auf ihn wirke, die im Kultus gesprochen wird. Manche müssen sich an das »getragene« Wort erst gewöhnen, viele allerdings haben auch bekundet, welche entscheidende neue Erfahrung für sie sogleich die hier angestrebte, das Wort in seine Schönheit und Reinheit emporhebende Sprache geworden ist.

Der Zuhörende empfindet dann das »durchgeistigte« Sprechen als eine Wohltat. Und indem er das hohe, edle Wesen der Sprache in sich aufnimmt, wird ihm die eigene Sprachfähigkeit mit der Zeit geläutert und verwandelt. Schon dadurch bereitet er sich auf das Gebet vor. Sein hinhörendes Einstimmen hebt ihn dem Gotteswort entgegen.

Die Sprache der heutigen Zivilisation finden wir in einen offensichtlichen Sündenfall verstrickt. Nicht nur durch ihren Mißbrauch zu Lüge und Halbwahrheit: bis tief in die religiöse Verkündigung, mit welcher man dem »Wort Gottes« dienen will, wird die Würde der Sprachlaute verkannt, wird dem Sprachgeiste und seiner Weisheit nicht entsprochen. Abgeschliffen und in den Staub der Gewohnheit gezogen, weiß das geistentfremdete Wort nichts mehr von seinem hohen Amte. – Einem religiösen Pathos oder einer »feierlichen« Monotonie soll hier jedoch beileibe nicht das Wort geredet werden.

Mit der Sprache ist uns Menschen in Wahrheit eines der höchsten Weltgeheimnisse anvertraut. Ehe wir ihn aussprechen, haben wir einen Gedanken. Dieser ist seinem Wesen nach unsichtbar, unhörbar, untastbar. Er ist geistiger Art und gibt uns Anteil an der Welt des Geistes. Kleiden wir ihn aber in ein Wort, indem wir ihn aus der verborgenen Innenwelt heraus aus-sprechen, so führen wir ihn in die Hörbarkeit und Sichtbarkeit, also in die physische Welt über. Ergreift es uns nicht als ein immer neu zu bestaunendes Wunder, daß es uns Menschen gegeben ist, durch den Atemstrom, durch Kehlkopf, Gaumen, Zunge und Zähne – also mit Hilfe körperlicher Instrumente – eine rein innere Welt äußerlich zu offenbaren? Und zwar nicht nur die unserer persönlichen Seelenstimmungen, sondern eine solche objektiv-geistiger Tatbestände, die völlig außerhalb des persönlich-seelischen Interesses liegen können, wie etwa ein mathematischer Lehrsatz. Durch den menschlichen Mund erfolgt eine Art »Leibwerdung« des Gedankens in Vokalen, Konsonanten, Betonungen und Rhythmen. Durch das Wort steigt der Gedanke in die Erdenwelt herab. Und er bleibt nicht beim Menschenmunde stehen: Von hier aus ergießt sich auf dem Wege der Äußerung und Mitteilung ein Gedankenstrom in die Umwelt des Menschen, die Natur in Kultur umwandelnd. Es entstehen Sitten, Gesetze, Bücher, Kunstwerke, Bauten, Fabriken, Verkehrsanlagen – alles zuvor erdacht und dann mit Hilfe der Sprache, durch Verständigung mit den Mitmenschen, in die Verwirklichung übergeführt.

Der Mensch ist somit durch seine Sprache das Tor, durch das der unsichtbare Geist sichtbar werden, hervortreten kann. Noch mehr: die Sprache offenbart das Geheimnis des ganzen Menschen. Er selbst entstammt dem Geiste und hat sich durch seine Geburt verleiblicht. Er selbst ist ein »Wort«. Aber nicht ein menschliches, wie wir es im Munde führen, sondern ein lebendiges Geschöpf, ein Wort Gottes.

Damit rühren wir an den tiefen Zusammenhang von Sprache und Religion und im besonderen von Sprache und

Christentum. Christus wird verehrt als das göttliche Wesen, das Leib angenommen hat und Mensch geworden ist. Aus der lauteren Welt des Geistes, so lautet die Botschaft, ist er herabgekommen und hat Gottes Wesen in der materiellen Erdenwelt offenbart. Er ist gerade dadurch auch der wahre Mensch. Sein Geborenwerden, Leben, Leiden und Sterben spricht reinere, edlere, höhere Wahrheiten aus, als Menschen sie sonst herabbringen, die tiefsten, die es gibt, die Grund-Wahrheiten Gottes des allumfassenden Vaters.

Daher nennt das Johannesevangelium in seinem Prolog Christus das »Wort« oder griechisch den »Logos« Gottes: »Das Wort ist Fleisch geworden und hat unter uns gewohnt.«

Die menschliche Sprache aber ist wie nichts anderes geeignet, dieses Ereignis zu erfassen und zu preisen – da sie selbst, wie wir sahen, der Leibwerdung des Geistes dient und dadurch auf den Spuren des Herrn wandelt.

In der Sprache des Kultus wird die Menschensprache sich dieses hohen Dienstes und ihres christlichen Wesens bewußt. Gleichzeitig lernt sie die tiefste Bescheidenheit: Das menschliche Sprechen ist bei aller Hoheit der Sprache nur ein schwacher Abglanz der Offenbarung göttlichen Geistes. Die Gottes-Sprache selbst hat noch weit größere Worte. So wie durch die Lippen des Menschen der menschlich faßbare Gedanke materielle Wirklichkeit wird, ist in unendlich viel größerem Sinne die ganze Schöpfung mit Sonne, Mond, Sternen, der Erde und allen Naturwesen aus einem »Sprechen« Gottes hervorgegangen. So verkündet es die Schöpfungsgeschichte:

»Gott sprach: Es werde Licht! und es ward Licht« (1. Mos. 1, 3).

Die Kultussprache regt über den in ihr selbst liegenden erhabenen Wort-Inhalt hinaus an, die stumm gewordene Welt des Kosmos und der Erde als aus dem Geiste entsprungen zu erfühlen und zu erkennen, sie gleichsam als Buchstaben einer Himmelsschrift zu lesen, als Silben einer Tatsachensprache zu vernehmen, um sie mit ihrem göttlichen Ursprung zu verbinden, dem Geiste, und durch ihn der Verwandlung entgegenzuführen.

\*

Die Besonderheit des Kultuswortes gegenüber dem gewöhnlichen wurde in älteren Zeiten unmittelbar erlebt. Es war den frommen Menschen des Altertums und Mittelalters eine andere, eine zweite Sprache, die nicht mit dem Kopfe, sondern mit dem Herzen aufgenommen wurde. Man suchte nicht unbedingt, sie klar zu verstehen, sondern vor allem Klang und Rhythmus auf sich wirken zu lassen wie einen heilig-magischen Gesang, dessen Tonhöhe nur um wenige Töne wechselte. Diese Art der Intonierung des Ritualwortes hatte, ergänzt durch das Klingen der Chormusik, zur Folge, daß die Gläubigen gleichsam entrückt wurden aus Raum und Zeit. Sie tauchten mit der so angesprochenen Seele unter in eine Urvergangenheit, als die Menschheit ihrem Schöpfer noch näher gestanden hatte, und wandten sich zurück zu Gott, dem Vater.

Damit hängt es zusammen, daß in jenen Zeiten – und durch die Tradition bis in die Gegenwart – die Kultussprache vielfach tatsächlich eine andere Sprache neben der

Landessprache sein konnte. Ältere Kirchen, wie z. B. die griechisch-orthodoxe, halten an der Sondersprache selbst dann fest, wenn diese in der Wirklichkeit des Lebens gar nicht mehr gesprochen wird und als »tote Sprache« gelten muß. Ja es wird auf die entfremdete Sprache für den Kultus Wert gelegt. Sie ist nämlich dennoch wirksam. Sie zieht allerdings für den Gläubigen einen Vorhang von heiligen Klängen vor das Geschehen am Altar und spricht ihn nicht in seinem hellen Bewußtsein, sondern im Unterbewußtsein an. (Daß manche Gemeindeglieder den Text dennoch kennen, ändert daran nicht viel.)

Bleiben wir beim Beispiel des Kultus der griechisch-orthodoxen Kirche. Mit Inbrunst im Wortklang und Gesang, mit goldglänzenden Priestergewändern wird er gefeiert. In Griechenland ist seine Sprache statt des Neugriechischen das Altgriechische (bzw. ein abgewandeltes Altgriechisch). In den slawischen Ländern das Altslawische, das sich beispielsweise zum Russischen etwa so verhält wie Mittelhochdeutsch zum jetzigen Hochdeutsch.

Der griechisch-orthodoxe Kultus vollzieht sich zwar für die Gemeinde hörbar, aber in wesentlichen seiner Teile nicht sichtbar – nämlich hinter einer den Altarraum als das Allerheiligste abschirmenden Wand von Heiligenbildern, der sogenannten Ikonostase. Diese Anordnung entspricht der geschilderten Art der Kultussprache. Ein Teil des Vorgangs bleibt für das Bewußtsein der Gläubigen »hinter dem Vorhang«. Die römisch-katholische Kirche verwendet bekanntlich in mancher Hinsicht noch das Lateinische, obgleich dieses seit dem Zweiten Vatikanischen

Konzil nicht mehr die Rolle der allgemeinen Kirchensprache spielt.

Die Schönheit und Würde eines solchen Kultus bleiben unbestritten; seine Frömmigkeit ist offensichtlich, wo er mit echter Hingabe vollzogen wird. Dieser Stil des religiösen Lebens entsprach bestimmten Völkern und Epochen. Auf den modernen Menschen etwa Mitteleuropas wirkt er allerdings wie eine hörbar und sichtbar gewordene Erinnerung an frühere Zeiten. Der unmittelbaren Gegenwart mit ihren Aufgaben und ihrem Lebensstil bleibt er fern.

Oft wird zugunsten einer Anwendung der Fremdsprache im christlichen Kultus angeführt, daß dieser durch sie unabhängig sei von allen Landesgrenzen und ebenso vom zeitlichen Wechsel der Umgangssprache. Mit dem für andere Länder gültigen gleichen Wortlaut umschließe er sämtliche Gläubigen. Solch eine umfassende Wirkung ist allerdings dem Kultus gemäß, aber sie geht bereits aus von seiner Ordnung, dem Altar mit den Kerzen, der Farbe und Form der Gewänder und von der Gebärde des Priesters. Die Sprache selbst soll heute vom Menschen, der voll in der Gegenwart steht, mit klarem Bewußtsein durchdrungen und innerlich Wort für Wort mitgesprochen werden können. Wenn er auch nie ausgeschöpft wird: der Kultus muß dem Verstehen und Erleben ohne Chorschranke zugänglich sein.

Die Christengemeinschaft hat mit dem Kultuswort neue Wege beschritten. Die Sprache ist, wie wir hörten, eine erhobene, aber sie ist keine Fremdsprache. Sie wird in Ehrfurcht vor dem Wort und seinen Lauten gestaltet, aber sie bringt den Inhalt klar und unmittelbar zum Bewußtsein. Ein solcher Kultus hat einen mehr nüchternen und verhaltenen Stil gegenüber einem aus jenen alten Zeiten herüberwirkenden. Jeder Rausch, der die Seele wie von außen ergreift, ist hier vermieden. Aber die Weihehandlung weckt den Menschen zur Geistes-Gegenwart und führt ganz von innen her neu zur Erfahrung der Schönheit des Wortwesens und zur Begeisterung.

Damit sind die Gründe genannt, aus denen in der Christengemeinschaft Weihehandlungen in der Sprache des Landes gefeiert werden. Daß sich daraus immer neu die besonders verantwortungsvolle Aufgabe der Übersetzung der Weiheworte ergibt, kann nicht davon abhalten, das für unsere Zeit richtige Prinzip voll ins Auge zu fassen und durchzuführen.

# Der Weihrauch

Der Kultus gehört, obgleich er täglich gefeiert wird, nicht dem Alltag an. Zwar umfaßt er Worte und Handlungen, wie unser übriges Wirken es auch tut, dennoch ist er dem Ablauf, dem Lärm, der Sorge des Tages entrückt. Im hörbaren Wort, im sichtbaren Bilde deutet er auf das zunächst Unsichtbare und Unhörbare der Welt hin und regt in uns ein besonderes Verhalten, eine Behutsamkeit und Stille an. Er hat – wie übrigens alles bedeutsame Geschehen in der Welt – seine eigene »Atmosphäre«.

Damit ist auf etwas Inneres hingewiesen, aber es findet seinen kultischen Ausdruck in der Anwendung von – Weihrauch: in der Menschenweihehandlung während der »Opferung« und vor Beginn der »Wandlung«, bei der Bestattungsfeier durch die Umräucherung des Sarges, beim Kinderbegräbnis und schließlich bei der Einweihung eines Kultusraumes. Mit vollem Bewußtsein ist dieses uralte Zeichen einer Opferhandlung für unsere Zeit erneuert worden und wird – nicht aus religiöser Bindung an ehrwürdige alte Traditionen, sondern mitten aus dem modernen Leben heraus – als notwendiges »Wort« in der Sprache des Kultus erlebt.

Wir sehen den Rauch während der Weihehandlung vom Altare aufsteigen und lassen dieses *Bild* in Ruhe auf uns wirken. Dem Aufwölken zuzuschauen, ist das beste Mittel, sich in diesen – manchem aus dem Protestantismus herkommenden Zeitgenossen zunächst unerwarteten – Gebrauch einzuleben. Wärmer als die umgebende Luft, hebt sich der Rauch empor, bewegt vom Kultuswort, das in ihn hineingesprochen, von ihm gleichsam emporgetragen wird. Was will ein solcher äußerer Vorgang vom inneren Geschehen wiedergeben?

Im Alltagsleben wenden wir Menschen in der Sprache fortwährend Gedanken, Gefühle und Absichten an, die unsere Pflichten, unsern Erwerb, unsern Verkehr miteinander, kurzum unsere Erdendinge betreffen. Die Sprache bleibt an den Anlässen haften. Was aber geschieht, wenn wir beten? Auch das Gebet ist erfüllt von Gedanken, Seelenregungen und gutem Willen. Hier aber – und das gerade macht das Gebet aus – lösen diese sich von der Fesselung an die materielle Welt und werden gleichsam leichter. Der Mensch »erhebt seine Seele« über das alltägliche Niveau und läßt sie emporsteigen zum Überirdischen, vor Gottes Auge und Ohr. Für diesen Vorgang der Gebetserhebung ist der aufsteigende Rauch der gegebene Ausdruck. So wie ein zu rechter Zeit ausgesprochenes Wort die Wahrheit treffen und unterstreichen, eine vollzogene Gebärde echt und überzeugend sein kann, so dient uns der aufsteigende Rauch als Äußerung innerer Vorgänge zur Bekräftigung und Vertiefung der Andacht. In der Weihehandlung wird er erstmalig bei der »Opferung« angewendet, also in dem Teil des Gottesdienstes, durch den der Mensch mit seiner seelischen Bereitschaft, seiner Hingabe und Erhebung dem vernommenen Evangelium, der Gottesbotschaft, antwortet und sich höheren Welten öffnet, so daß sie sich ihm nahen können. »Im Opferrauch steigen die großen Götter zur Erde nieder« – so erfuhr man es schon in den altgriechischen Mysterien von Samothrake.

Diesen inneren »Rauch der Andacht« wirklich aufsteigen zu lassen, fällt allerdings dem heutigen in der Welt der Technik lebenden Menschen gar nicht leicht. Er fühlt – um im Bilde aus der Welt des Alten Testamentes zu sprechen – mit Kain, dem es nicht gelang, den Rauch seines Opfers zu Gott empor zu senden, während Abel, der fromme Bruder, zu opfern vermochte (1. Moses 4); wenigstens haben es die Maler immer wieder im Bilde des schwelenden Opferrauches bei Kain und des senkrecht aufsteigenden bei Abel dargestellt. Heute, da die dem Ackersmann Kain nachfolgende Menschheit die materielle Welt kühn erobert hat, gilt es für sie um so mehr, daß sie wieder beten und opfern lerne, um nicht endgültig der Schwere der Erde, dem Kampf um sie und dadurch letzten Endes dem – Brudermord zu verfallen.

Der nüchterne Mensch unserer Zeit fürchtet oft, bei einer Erhebung der Seele den Boden unter den Füßen und damit den Anschluß an seine irdischen Lebensaufgaben zu verlieren. Das darf er tatsächlich keinen Augenblick. Aber echtes Gebet bewirkt keine Bewußtseinstrübung oder Ekstase (ein taumelndes »Aussteigen« der Seele aus dem Leibe), sondern Bewußtseinserhöhung. Und gerade das christliche Gebet ist so geartet, daß es die Erde mit einschließt, ihr nahe bleibt und den Betenden lehrt, aus der Höhe und Stille heraus erst recht sich ihr wieder zuzukehren.

Die Sinneswelt wird dabei voll bejaht. Der Kultus selbst ist es, der die Seele gerade den Sinneseindrücken besonders öffnet, allerdings den feineren, durch die übersinnliche Eindrücke, die in ihnen verborgen sind, ertastet werden. Der Weihrauch – wie er in der Christengemeinschaft angewendet wird – hat keinesfalls eine betäubende Wirkung; eine Befürchtung in dieser Richtung ist nicht am Platze.

Im Gegenteil: das Einatmen der vom Weihrauch durchzogenen Luft hat etwas Weckendes. So wie – wir sprachen schon davon – die Augen fromm werden, indem sie auf das Altargeschehen blicken, die Ohren, indem sie dem Kultuswort zuhören, der Geschmackssinn ehrfürchtig wird, indem Brot und Wein vom Altar empfangen werden –, so wird auch die Geruchswahrnehmung, eben durch den Duft des Weihrauches, leise verändert und in das andächtige Geschehen erhoben. Der Rhythmus des Atems ändert sich sowieso durch Gebet und Kultus. Die Duftwahrnehmung ergänzt dieses Ruhig-Werden des Atems im Gottesdienst.

Wer meint, gerade mit diesem Duft Schwierigkeiten zu haben, hat es vielleicht mit unverarbeiteten kirchlichen Eindrücken von früher oder aus der Kindheit zu tun. Oder mit einem gleichsam eingefleischten protestantischen Vorurteil?... Der Duft wirkt weder »mystisch« noch »orientalisch«, sondern einfach als der Duft einer *Pflanze*.

Weihrauch ist nämlich nichts anderes als das im Feuer verduftende Harz eines Baumes. Der strömende Lebenssaft einer Pflanze tritt an leicht verletzten Stellen aus der

Rinde und trocknet an der Luft ein. Unvermischt und in voller Konzentration haben wir hier die Bildekraft der Pflanze mit ihrem ganzen köstlichen Aroma vor uns. Wir kennen die Harzklümpchen von unseren würzigen Nadelbäumen und von der Birke her. Doch sind die nordischen Harze kaum für die Verwendung im Kultus geeignet, weil sie zu aufdringlich und zu herb duften.

Deshalb dient als Weihrauch das Harz eines zierlichen Baumes, botanisch Boswellia Carterii genannt, mit gefiederten Blättern und kleinen, zu Trauben vereinigten fünfblättrigen Blüten, der im Gebirge des Somalilandes zuhause ist. Sein Milchsaft besteht zu mehr als der Hälfte aus reinem Harz und aus ätherischem Öl. Aus diesem mit der ganzen Kraft der Sonne gesättigten aromatischen »Olibanum«, zusammen mit einheimischen Zusätzen, ist der Weihrauch gewonnen, der in der Christengemeinschaft benutzt wird. Die Reinheit und Unverfälschtheit der verwendeten Substanzen trägt wesentlich dazu bei, daß das Richtige geschieht.

Um den in Körnchen- oder Pulverform vorliegenden getrockneten Saft sein Aroma entfalten zu lassen, genügt es, ein kleines Löffelchen davon auf eine rauchlos glühende Holzkohle zu bringen, die, vorher in der Sakristei an einer Kerzenflamme zum Erglimmen gebracht, im Rauchgefäß ruht, das der Ministrant zum Altardienst herbeiträgt.

Der dem strömenden Pflanzensaft entstammende Duft durchsonnter Höhen ist durch die Austrocknung in seiner Entwicklung gleichsam angehalten und wird nun durch die Verbrennung zu dem zarten Rauch entbunden, der dem Menschen bei seiner Andacht dient. Ein Stück Natur ist damit in den Kultus eingegliedert. Die Natur betet mit.

Die Wirksamkeit pflanzlichen Öles hat den Menschen immer schon zum Zeichen des Überganges vom Stoff zum Geist gedient; als Bild heiliger Lösung. Wie das Öl verduftet, so wird die menschliche Seele an der Schwelle vom Leben zum Tode ihre irdische Lebensform verlassen und sich betend in das reine Seelensein erheben.

Die Anwendung von Weihrauch, der ja auch ätherisches Öl enthält, kann als eine Verstärkung dieses Bildgeschehens aufgefaßt werden. Bei ihr kommt noch der Vorgang der Verbrennung hinzu. So wie das Harz verglüht und dadurch der Duft aufsteigt, so bringt die Menschenseele im Tode das Opfer ihres Lebens und wird entbunden zu höherem Dasein.

Von hier aus verstehen wir die Anwendung des Weihrauches beim Begräbnis. Ein die Herzen der Teilnehmer unmittelbar ergreifender Höhepunkt der Feier ist es immer wieder, wenn der Priester den Sarg von allen Seiten einhüllt mit der Wolke des Weihrauchs. In diesem sinnlich wahrnehmbaren Vorgang haben wir ein Bild für den äußeren Sinnen verborgenen Aufstieg der Seele aus der strömenden Bilderwelt des abgeschlossenen Lebens zum reinen Seelensein. Mit dem Weihrauch-Segen wird auch der Leib des Toten schützend umgeben und dann der Auflösung in den Elementen der Erde überlassen.

Ein verwandtes Geschehen ist es, wenn bei der Menschenweihehandlung zwischen Opferung und Wandlung der Altar, das Abbild des Grabes Christi, vom Weihrauch umhüllt wird. Wieder deutet der Rauch auf die Grenze zwischen Erdenwelt und höherem Dasein, das nun im Gottesdienst der Erde nahekommt.

*

Uralt ist die Anwendung von Weihrauch im Kultus. Eine ägyptische Tempelinschrift aus dem 17. Jahrhundert vor Christi Geburt erwähnt ihn bereits. Er galt im Altertum als besondere Kostbarkeit. So gehört er auch zu den Gaben, die von den Priesterkönigen des Morgenlandes nach dem zweiten Kapitel des Matthäusevangeliums dem Jesuskinde in Bethlehem dargebracht werden.

Auch der alttestamentliche Kultus im Tempel von Jerusalem kannte das Rauchopfer. Am Beginn des Lukasevangeliums wird die Geschichte der Geburt Johannes des Täufers erzählt. Sein Vater Zacharias war Priester von der Ordnung Abias. »Da es an ihm war... nach Gewohnheit des Priestertums, daß er räuchern sollte, ging er in den Tempel des Herrn. Und die ganze Menge des Volkes war draußen und betete unter der Stunde des Räucherns. Es erschien ihm aber der Engel des Herrn und stand zur Rechten am Räucheraltar...« Mit dem »Fürchte dich nicht« des Engels wird dem kinderlosen Paar der Sohn Johannes verheißen. – So hebt das Evangelium (nach Lukas) mit einer Engelsbotschaft an, die dem Priester aus dem aufsteigenden Opferrauch entgegenhaucht.

Und ein verwandtes Motiv tritt uns in den Evangelien am Ende des Christuslebens entgegen. Dort ist zwar nicht vom Rauch die Rede, aber von der »köstlichen Narde«. Als Maria Magdalena dem Herrn am Vorabend der Passion in Bethanien die Füße salbt, »ward das Haus voll vom Duft der Salbe«. Christus selbst ist es, der diesen Dienst der Andacht gutheißt. Denn er geschah im Hinblick auf den nahen Opfertod. Seine Allgegenwart wird fortan das ganze Erdenhaus erfüllen wie ein aufsteigender Duft. Die Erde wird wieder durchzogen sein vom Schöpfungshauch des Geistes.

# Priestergewänder

Wer an einem Altar zu handeln und zu dienen hat, tut es nicht im eignen Namen, sondern in überpersönlichem Auftrag. Er wirkt im Namen der Gemeinschaft. Gleichzeitig bietet er den Kultus der göttlichen Welt wie ein Gefäß dar, damit sie selbst es erfülle und den Kultus durchgeistige. So handelt er auch im Namen Gottes.

Dem Dienst am Altar widmen sich Persönlichkeiten, die auf ihn besonders vorbereitet und mit ihm beauftragt sind. Die Christengemeinschaft steht als Ganzes hinter ihnen und gewährt ihnen den Schutz, dessen diese Lebensaufgabe bedarf. Sie werden in diesem Zusammenhang als *Priester* bezeichnet. Dieses Wort entstammt der griechischen Sprache und bedeutet ursprünglich »Ältester«. In alten Zeiten stiegen die in der Gemeinschaft wirkenden Persönlichkeiten in höheren Jahren zur Würde geistiger Aufträge auf, ja sie wuchsen durch ihr Alter in diese hinein. In der heutigen Zeit ist der Auftrag nicht an ein höheres Alter gebunden, doch von gleich hohem Ernste durchdrungen. In der Christengemeinschaft wird das Priestertum Männern und Frauen anvertraut.

Mit dem Ausdruck Priesterdienst ist jene Aufgabe gekennzeichnet, die mit der Ausübung des Kultus und der Austeilung der Sakramente zusammenhängt. Es kommt damit zum Ausdruck, daß der Pfarrer – wie er im

Berufsleben heißt – über seine seelsorgerischen und sozialen Pflichten hinaus zu wirken hat. Er ist nicht nur Prediger und Lehrer seiner Gemeinde, sondern eben auch Diener am Altar – Priester.

Damit aber hängt es zusammen, daß er nicht als Alltagsmensch, in der ihm persönlich gegebenen Gestalt und somit in seiner eigenen täglichen Kleidung die Weihehandlung hält, sondern nur in dem zum Kultus gehörenden Gewand. Am Altar tritt zutage, daß er mit seiner Tätigkeit Übersinnliches zu offenbaren hat. Dieser Auftrag umkleidet ihn. Jetzt spricht er nicht nur seine eigene Meinung aus, sondern leiht Wort und Gebärde dem überpersönlich-gültigen Geiste.

Das bedeutet nicht, daß seine persönliche Innenwelt und Denkweise in diesem Zusammenhang gleichgültig wären. Es gehört zur fortwährenden Aufgabe und Ethik des Priestertums, daß die kultische Umhüllung von der Persönlichkeit auch ausgefüllt werde.

Das allgemeine Kulturleben kennt – in die Gegenwart herübergetragen aus alten Überlieferungen – sehr wohl das Ausdrucksmittel des kultischen Gewandes und hält auch dort noch daran fest, wo man es nicht mehr voll versteht und vielfach selbst als einen Zopf aus alten Zeiten empfindet. So wird von Richtern und Anwälten eben dann, wenn es wie bei Gerichtsverhandlungen nicht nur um ihr persönliches Urteil, sondern um »Das Recht« geht, über dem bürgerlichen Anzug der schwarze Talar getragen. Ein Urteil im Namen des Rechtes oder des Volkes darf nur in dieser Bekleidung gesprochen werden. Ein Talar ist aber im Grunde nichts anderes als ein kultisches

Gewand und entstammt seinem letzten Ursprunge nach dem Kirchen- oder Tempeldienst.

Ebenso hat sich der Talar im Universitätswesen als Tracht des Rektors und der Professoren bei feierlichen Anlässen bis heute erhalten. Er paßt allerdings kaum mehr zu der von der modernen Naturwissenschaft geprägten Denkweise und gemahnt nur noch ganz von ferne an seinen religiösen Ursprung.

Im kirchlichen Leben hat sich das Priestergewand in viel umfassenderem Sinne erhalten. Der Protestantismus allerdings hält seinerseits in vielen Ländern nur an jenem schwarzen Talar fest. In »reformierten« Gemeinden sieht man Geistliche sogar ohne diesen im dunklen Anzug auf der Kanzel. Die ursprünglich dazugehörigen weißen und farbigen Gewänder sind – außer in der englischen Hochkirche und in Skandinavien – mit dem Kultus abgestreift worden. Ganz kann der schwarze Talar des evangelischen Pfarrers seine ursprüngliche Zusammengehörigkeit mit weiterer Gewandung aber doch nicht verleugnen: vom weißen Kultusgewand ist ein Rest erhalten – im Kragen oder »Beffchen«.

Überall, wo Sinn und Bildsprache des Kultus nicht mehr gesucht und verstanden werden, beschränkt man sich bei der Tracht auf ein Festhalten an überlieferter und allenfalls noch hochgehaltener Sitte. Das vermag aber nicht mehr zu überzeugen. Der Kultus, einschließlich der Gewandung, spricht eine höhere Sprache; wo diese nicht mehr geisterfüllt erklingt, wird sie zur leeren Formel.

Das schwarze Kleid wird in den meisten westlichen Kulturländern aus einer gültigen Empfindung heraus bei

Trauergelegenheiten angelegt. Es bringt seinem Wesen nach *eine* Seite des Menschenschicksals zum Ausdruck – die leibliche Sterblichkeit. Das schwarze Gewand stellt ein »memento mori« dar, eine Mahnung an den Tod. Wenn wir es in seinem Bildcharakter recht verstehen, besagt es: Du Mensch bist ein Gast auf Erden. Als du aufwuchsest, hast du dich mit einer dichten Erdenhülle – dem Leibe – umkleidet, die dunkler, sterblicher Natur ist. Dies kommt dir bei Trauer und im Angesicht des eigenen Sterbenmüssens voll zum Bewußtsein.

Aber ist der Leib das einzige Haus, in dem der Mensch lebt? Bringt der schwarze Talar das Menschenwesen und -schicksal voll und lebensgemäß zum Ausdruck? Die Sprache des Kultus ist eine umfassendere.

Auch der Priester der Christengemeinschaft trägt einen schwarzen Talar. Da er es in dem schon erwähnten überpersönlichen Sinne tut, bringt er damit etwas allgemein Menschliches zur Anschauung. Der Leib, den wir so selbstverständlich zu »besitzen« meinen, indem wir ihn genießen und erleiden, ist nichts anderes als eine Hülle. Er weist seinem eigentlichen Wesen nach auf das nichtmaterielle, den Leib durchdringende und umspielende übrige Menschenwesen hin.

Der schwarze Talar des Priesters tritt nicht in den Vordergrund, denn er wird zuunterst getragen, fast ganz überdeckt vom weißen Gewande, der sogenannten Alba. Erleben wir schwarz als dunkel und undurchdringlich, so wird uns weiß zum Ausdruck hellsten Lichtes. Was drückt das weiße Gewand des Priesters am Altar aus? Du Mensch, will es in seiner unhörbaren Sprache aussagen, bist zwar auf der Erde umhüllt vom sterblichen Leibe, aber du bist auch durchstrahlt von einer lichthaften Hülle des Lebens. Wendest du dich von deiner irdischen Hülle aus empor zur Welt des Geistes, dann verbindest du dich mit den Quellen des Lebens, das dich beseelt und dir immer neu die Kraft des Aufbaues, des pulsenden Herzschlages und des Wachstums schenkt. Es stammt nicht von der Erde, sondern aus der Welt des Lichtes, und es gehört auch nicht dem Reich des Todes an.

Zwar ist diese Lichtfülle fortwährend in der Gefahr, verdunkelt zu werden. In der Andacht aber wird sie zum weißen Gewande geläutert. Die geläuterte Lichthülle trägt der Mensch durch den Tod, wenn er den verfallenden Leib ablegt. Die Offenbarung Johannis (Kap. 7, 13–14) berichtet, was der Seher von den Verstorbenen schaut: »Wer sind diese, mit weißen Kleidern angetan, und woher sind sie gekommen? ... Und er sprach zu mir: Diese sind es, die gekommen sind aus großer Trübsal und haben ihre Kleider gewaschen und haben ihre Kleider hell gemacht im Blute des Lammes.«

Über dem langen weißen Gewand und dem Talar trägt der Priester noch farbige Teile der Gewandung: die Stola (Kreuzbinde), das Zeichen der Priesterwürde, und die Casula (wörtlich Hütte), das eigentliche Feiergewand des Priesters, das ausschließlich der Menschenweihehandlung vorbehalten bleibt. Diese haben jeweils die Farbe, die kultisch im Jahreslauf zu der betreffenden Zeit gehört. Die Casula zeigt mit der Figur und an ihrem Rande auch noch eine zweite Farbe, die entweder die Hauptfarbe in einem dunkleren Tone wiederholt oder ihr komplementär gegenübertritt.

Im Feiergewand haben wir ein Bild der menschlichen Seele vor uns. Was wir mit Recht Seele nennen, ist weder mit den physischen Stoffen des Leibes noch mit den Kräften des Lebens, die geisteswissenschaftlich als ätherische Bildekräfte bezeichnet werden, gleichzusetzen. Was »Seele« ist, wird uns deutlich, wenn wir auf das Bewußtsein blicken, das sich in Lust und Schmerz, Trauer und Frohsinn, Angst und Begehren, Ernst und Leidenschaft äußert. Sie spiegelt die verschiedensten Stimmungen, wir könnten auch sagen: Färbungen. Echtes Seelenleben verläuft nicht »grau in grau«, sondern in kräftigen, unterschiedlichen Farben. Es »bekennt Farbe«. Farben können – und das hat die Malerei zu allen Zeiten gewußt und gehandhabt – das wogende Spiel der seelischen Regungen am besten zum Ausdruck bringen.

Im persönlichen Leben folgt dieses Spiel den rein menschlichen Stimmungen, Veranlagungen, Eigenschaften und Gesetzen. Da kann die Seele nicht immer die »Farbe« annehmen, die der jeweiligen Lage und Lebensaufgabe voll entspricht. Wir sprechen dann von »mangelnder Harmonie«; die Gefühle und ihre »Farben« wogen durcheinander.

Steht der Mensch aber betend vor dem Altar, dann beginnt sich diese Farbenwelt zu klären und zu ordnen. Hier lernt die Seele, überpersönlich-gültige »Färbungen« wiederzugeben und sich so in eine höhere Seelenwelt einzugliedern. Die gereinigte, nach größerem Gesetz gestimmte Seele, die Gott zu dienen bereit ist, wird durch das priesterliche Feiergewand ausgedrückt. Dieses nimmt, wie schon gesagt, jeweils die Farbe an, die nach dem Jahresablauf »an der Zeit« ist. Durch diesen Vorgang unterstützt, schwingen die Seelen der Mitfeiernden im großen Rhythmus der Jahreszeiten und lernen die Ereignisse, die uns in den Festen begegnen, fühlen und verstehen. Sonne und Erde bewirken durch ihren Reigen die Jahreszeiten. Geistes-Sonne und gesegnete Erde bestimmen den Rhythmus des Kultus, den großen Atem, der den andächtigen Menschen durchhaucht und beschwingt. So tauchen wir zu Advent ganz in das tiefe Blau ein, das den Altar umgibt, zu Weihnachten in das lichte Weiß mit dem Schimmer von Hellviolett, zur Passionszeit in das weltenernste Schwarz, zu Ostern in das jubelnde Rot mit grün, zu Pfingsten wieder in Weiß, jedoch diesmal mit hellgelbem Einschlag. (Den Überblick über alle Farben geben wir in dem Abschnitt »Der Festkreis des Jahres«.)

Diese Farben immer wieder anzuschauen und auf sich wirken zu lassen, ist eine Aufgabe des andächtigen Menschen; es wirkt sich als Gabe für ihn aus. Das Auge wird an der Andacht beteiligt; die Frömmigkeit dringt in die ihr entfremdete Welt der Sinne und bezieht sie ein.

Auf der Casula, welche die Form eines Überwurfes hat und vorn und hinten eine leicht geschwungene Fläche zeigt, sind in der zweiten Farbe schlichte Figuren angebracht. Steht der Priester mit dem Antlitz zum Altar, so sieht der Teilnehmer am Gottesdienst auf seinem Gewande in den meisten Festzeiten einen langgestreckten, oben offenen Bogen; wendet sich der Handelnde zur Gemeinde um, so erscheint auf der vorderen Seite der Casula ein aufrecht stehender Doppelkreis, eine sogenannte Lemniskate, annähernd in der Form einer großen 8. Diese Zeichen mögen angeschaut, nicht schnell gedanklich ausgedeutet werden. Eine erste Anregung zum Verständnis gewinnt man, wenn man sich den offenen U-Bogen im geistigen Bereich ergänzt denkt. Der Betende ist einbezogen in den großen Kräftekreislauf zwischen irdischer und höherer Welt. Er erlebt sich selbst als ergänzungsbedürftig durch das gnadenvoll-göttliche Bewußtsein. Die geschlossene Figur sehen wir dann, wenn der Priester sich wieder der Gemeinde und damit der irdischen Welt zuwendet: Der Mensch kehrt zu seinem in sich geschlossenen Kreislauf, wie er im Blutkreislauf mit dem Herzen im Mittelpunkt lemniskatenartig zum Ausdruck kommt, zurück. Vom Himmel hat er wiederum die Kraft empfangen, auf Erden eine »in sich geschlossene« Persönlichkeit zu sein.

Wir sahen: das Priestergewand stellt eine dreifache Hülle dar, in der der Mensch als Ich-Wesen lebt: die der Seele, die des ätherischen Lebensleibes und die des physischen Leibes. Die beiden ersteren Glieder der Menschennatur erleben wir zwar Tag für Tag im Wechsel der seelischen Regungen und Kämpfe, im Wechsel von Wachen und Schlafen, im Pulsen von Atem und Herzschlag. Aber wir sehen sie nicht mit Augen vor uns, denn sie sind, obgleich sie sich in der Sinnenwelt äußern, übersinnlicher Natur. Wir sehen für gewöhnlich am Menschen den physischen Leib und spüren nur mehr oder weniger deutlich etwas von seinen Bildekräften und von seiner Seelenart. Der Kultus läßt demgegenüber den physischen Leib zurücktreten und macht insbesondere die höheren Wesensglieder mit seinen Mitteln sichtbar. – Das schwarze Barett trägt der Priester auf dem Haupte, wenn er zur

Weihehandlung schreitet oder die Altarhandlung wieder verläßt, ebenso bei der Predigt, als Zeichen seines verantwortungsvollen Amtes.

Das gegliederte und farbige Priestergewand dient – das müssen wir hier ausdrücklich sagen – nicht dem Bedürfnis nach »feierlicher Ausgestaltung« des Gottesdienstes oder im Gegensatz zu nüchtern-protestantischen Formen einem größeren Schönheitsstreben. Solche Gesichtspunkte spielen keine Rolle. Es soll vielmehr das im Sichtbaren zur Anschauung bringen, was unsichtbar-übersinnlichen Tatbeständen entspricht. Der von Andacht erfüllte Mensch trägt – zunächst ohne es wahrzunehmen und zu wissen – die geschilderten Seelengewänder an sich. Wären wir Schauende, wir würden ihn so vor uns sehen, wie der Kultus ihn zeigt. Der Kultus will die Wahrheit offenbaren.

Auch die Ministranten (Altarhelfer) tragen bei ihrem Dienst ein in den Farben entsprechendes Gewand, jedoch ohne die Zeichen des Priestertums. Es bringt die von ihnen ausgeübte Unterstützung des Altargeschehens durch die Gemeinde zum Ausdruck.

Das Bild des »Seelenmantels« ist uns schon aus dem Alten Testament bekannt. Als der Prophet Elias die Erde verläßt, übergibt er seinem treuen Schüler Elisa seinen Mantel – die durch sein Prophetentum durchgeistigte Seelenhülle. Von ihr umkleidet, vermag auch der Schüler im Sinne seines Lehrers prophetisch zu wirken und den Menschen ein Lehrer, Führer und Heiler zu werden.

Und das Neue Testament spricht deutlich davon, daß in der Welt Gottes nicht mehr das irdisch-persönliche Kleid gilt. Als der himmlische König im Gleichnis des Matthäusevangeliums (Kap. 22) alle Welt zur Hochzeit seines Sohnes geladen hat, tritt er zu den Gästen an die Tafeln und findet dort einen Gast, der ungeläutert, ohne »hochzeitliches Kleid«, eingetreten ist. Dieser muß hinausgewiesen werden, denn es wird das Fest der Vereinigung von Gottheit und Menschheit begangen, das den Menschen verwandelt.

Und erst recht die Offenbarung Johannis schaut, wie schon erwähnt, die Zukunftsmenschheit im lichten Kleide höheren Lebens: »Sie werden mit mir wandeln in weißen Kleidern... Wer überwindet, der soll mit weißen Kleidern angetan werden, und ich werde seinen Namen nicht austilgen aus dem Buche des Lebens« (Kap. 3,4-5).

# Bild, Wort und Gebärde im Kultus

Ein Kennzeichen des Kultus ist, daß in ihm die göttlich-geistige Welt nicht nur durch das *Wort* verkündigt und gesucht wird, sondern gleichzeitig durch *Bild* und *Gebärde*. Alle drei Elemente wirken zusammen.

Unter »Bild« verstehen wir hier alles, was mit der Anordnung für den Kultus zusammenhängt und vom Auge aufgenommen wird: den Weiheraum in seiner Form, mit der Farbe seiner Wände; die Stellung des Altars in ihm; das Altarbild über diesem; die brennenden Kerzen darunter; die Farbe der jeweiligen Festzeit am Altar und am Priestergewand; den aufsteigenden Rauch u. a. Das ruhige Betrachten dieser Gegenstände gehört zur Andacht im Kultus.

Aus dieser »Bilderwelt« erklingt das Wort des Kultus, das wir anhörend mitbeten, in verständlicher, klarer, ehrfürchtig gehobener Sprache. Es wird an bestimmten Stellen der Menschenweihehandlung von Gebärden begleitet.

Zu einem Teil sind es solche, die der Priester am Altar vollzieht und die die Gemeinde anschauend mitvollzieht, ohne selbst Bewegungen auszuführen: wie die Gebärde beim Christuswort am Schluß jedes Teiles der Weihehandlung oder wie die Erhebung des Kelches und der Hände während der Opferung und der Wandlung oder bei festlichen Einschaltungen. Hierzu gehört auch die Beugung des Knies bei der Wandlung und ebenso die Berührung durch die Priesterhand beim Friedensgruß unmittelbar nach Empfang der Kommunion. Obgleich der Teilnehmer seinerseits dabei keine Bewegung macht, regen solche kultischen Gebärden, wenn sie frei von ihm aufgenommen werden, dazu an, daß etwas in seinem eigenen Lebensgefüge in Bewegung kommt. Sie sind zart hinweisende »Anstöße« zu einer religiösen Entwicklung im Bereich der Bildekräfte. Besonders deutlich ist dies bei der Kelcherhebung: Sie wird von einer Erhebung der Seele in der Gemeinde begleitet.

Andere Gebärden werden von der Gemeinde – in aller Freiheit für den einzelnen Teilnehmer – auch körperlich vollzogen. Damit geschieht ein Schritt weiter in der Richtung irdischer Verwirklichung. Dazu gehört vor allem die große Gebärde des Aufstehens der Gemeinde bei der Verlesung des Evangeliums. Im Anhören desselben wird die Kunde aus der geistigen Welt, der »Engelwelt« (euangelion heißt griechisch gute Botschaft der Engel), entgegengenommen. Die Bereitschaft zur ehrfürchtigen Aufnahme drückt sich im Erheben von den Sitzen aus. – Bei der am Beginn jedes Abschnittes der Weihehandlung erfolgenden Anrufung Gottes als Vater, als Sohn und als heiliger Geist zieht der Priester ein Kreuz über Kopf und Brust und umschreibt es mit einem Kreisbogen. Er formt das auf die Auferstehung Christi hinweisende Sonnenkreuz, wie es u. a. einst in der irischen Kirche des frühen Mittelalters angewendet und oft künstlerisch gestaltet worden ist. Dieses Kreuz betrifft die betende Gemeinde als Gesamtheit. Der einzelne Teilnehmer am Gottesdienst zieht währenddem drei kleine Kreuze vor Stirn, Mund und Kinn sowie über die Brust. Dies ist die individuelle Bekreuzigung. Damit stellt der Christ tätig sein klares Bewußtsein, seinen Wortwillen und sein Herz in den Dienst des Altargeschehens. Gleichzeitig bekräftigt er als Erwachsener immer neu die eigene in der Kindheit empfangene Taufe, denn die Kreuze bezeichnen die gleichen Stellen, an denen der Täufling mit Wasser, Salz und Asche wandlungskräftig berührt wird.

*

Bedarf es solcher Bilder und Gebärden bei der Andacht? Führt nicht der Gottesdienst den Menschen gerade in eine innere Welt, abseits von allem Äußerlichen? Hat nicht der Protestantismus mit Recht die Überladenheit der Kirchen mit Bildlichem beseitigt und eine erfreuliche Schlichtheit im Ausdruck errungen?

Allerdings: Übertreibungen und Erstarrungen mußten im Laufe der christlichen Geschichte, wie es durch die Reformation geschah, überwunden werden. Jeder Pomp ist echtem kultischen Erleben fremd. Es sind dabei aber auch Werte verlorengegangen, die heute neu verstanden und begründet – in klarer Formung – dem religiösen Leben unserer Zeit einverleibt werden können. Das »Wort« allein führt nämlich zu einer einseitigen Betonung des intellektuellen Bewußtseins, zu einem der vollen Wirklichkeit fernen »Glauben«. Der wache Mensch gerade unserer Zeit lebt, vor allem durch das Auge, in einer Fülle von Sinneswahrnehmungen aus der Natur, der kulturellen Umgebung, dem Verkehr, der Technik. Blieben seine Sinne an diesen Eindrücken allein haften, er würde mit einem wichtigen Teil seiner Seele der bloßmateriellen Welt verfallen. Daß das Auge zu bestimmten Stunden auch auf Gegenständen ruhen darf, die geistig-religiöse, also in die Tiefe der Welt deutende Wahrheiten ausdrücken, schafft ein Gegengewicht. Es ist für den modernen Menschen eine besonders spürbare Wohltat.

Ähnlich bei der Gebärde. Kein Mensch lebt ohne die stumme Sprache der Geste. Schon die aufrechte Haltung ist eine Gebärde seines Geistes; schon das Ineinanderlegen der Hände drückt die Sammlung seiner Seele aus. Der Leib ist ja, bewußt oder unbewußt, stets eine Äußerung des Inneren. Schon deshalb kann dieser beim religiösen, eben dem inneren, Erleben nicht völlig abseits bleiben und etwa als bloßer Bestandteil der äußeren Welt aufgefaßt werden. Vielmehr gehört er voll hinzu. »Leiblichkeit ist das Ende der Wege Gottes«, sagt Oetinger. – Im täglichen Leben und in unserer Arbeit sind wir Menschen fortwährend genötigt, leibliche Bewegungen auszuführen, die »etwas bedeuten«: Winke, Kopfnicken, Warnungen, Handschläge usw. Durch sie sind wir eingespannt in Alltag und Gewohnheit. Immer wieder einmal bewußt und ruhig *solche* Bewegungen zu machen, die nicht äußerer Zweckmäßigkeit, sondern der Andacht dienen, schafft auch hierin ein Gegengewicht und damit Hilfe für die Harmonie der Seele. Die Gefahr einer peinlich-unechten Gebärdensprache, die selbstverständlich streng vermieden werden muß, ist gebannt, wenn nichts einerseits mechanisch und andererseits willkürlich nach persönlicher Stimmung ausgeführt wird.

Der durch Bild, Wort und Gebärde sprechende Gottesdienst rührt den *ganzen* Menschen an – nicht nur den Kopfmenschen allein. Und darauf kommt es an, daß Kopf, Herz und Tätigkeit nicht verschiedene Wege gehen, sondern gerade auch im religiösen Leben zusammenwirken.

Jahrhundertelang hat der Protestantismus durch seinen Predigtgottesdienst einseitig bildlos gewirkt (»Du sollst dir kein Bildnis machen« war ein *alt*testamentliches Gesetz!) und die Kraft-Anregungen inneren Handelns im Gottesdienst ausgeschlossen. Heute ist es an der Zeit, ohne die echten Errungenschaften der Reformation zu verleugnen und zu verlieren, vollmenschlich und in der für die Gemeinschaft geeigneten Form feiern zu lernen.

\*

Als eine besondere »Gebärde« des Kultus sei noch ins Auge gefaßt, was während des Gottesdienstes mit dem Priestergewand geschieht: Über dem Talar und der Alba (dem langen weißen Gewand) trägt der Handelnde außer der Stola und ihrem Gürtel – wie schon erwähnt: ausschließlich zur Menschenweihehandlung – die Casula. Diese wird ihm aber an einer bestimmten Stelle der Weihehandlung abgenommen und nachher wieder angelegt. Warum geschieht das?

Die Casula ist ein Ausdruck für die betende Seele der Gemeinde. Solange das Kultuswort selbst – das gemeinsame Gebet – erklingt, wird sie vom Priester getragen. Einmal aber, ziemlich am Anfang der Weihehandlung, ist dieses Gebet unterbrochen durch die Verlesung des Evangeliums. Das Wort der Heiligen Schrift ist etwas anderes als das Gebet der Gemeinde. Es kommt gleichsam von der anderen Seite. Ihm gibt die Christenheit durch ihr Gebet Antwort. Wir sind beim Anhören des Evangeliums zunächst rein Empfangende. Dieser Unterschied in der Richtung – vom Himmel zur Erde und von der Erde zum Himmel – wird durch die Unterbrechung der eigentlichen Weihehandlung und die Ablegung der Casula markiert. Es ist eine Bereicherung des Erlebens der Weihehandlung, wenn dieser Vorgang von den Teilnehmern bemerkt und innerlich mitvollzogen wird. Das Aufstehen beim Anhören des Evangeliums unterstreicht ihn noch. In den Fluß des gottesdienstlichen Geschehens kommt dadurch so etwas herein wie eine höhere Dramatik. Das Gebet wird zum Wechselgespräch zwischen Gotteswelt und Menschenwelt.

Ebenso neu gegenüber traditionellen Kultusformen wie dieser Gewandwechsel ist die Abnahme der Stola bei der Verlesung des Glaubensbekenntnisses nach der Evangelienlesung (bzw. der eingeschalteten Predigt). Mit ihr wird angedeutet, daß der Priester in diesem Augenblick nicht im Namen seiner Gemeinde, sondern »als Mensch unter Menschen« spricht. Beim formulierten Bekenntnis, das in der Christengemeinschaft einerseits grundlegend ernst genommen und hochgehalten wird, andererseits für den einzelnen aber niemals dogmatisch »bindend« sein kann, sondern das er anhört und betet als Ziel und Sinn seiner christlichen Erkenntnis-Bemühung, wird wortlos, aber ausdrücklich – eben durch das Ablegen der Priester-Stola – die Freiheit des Bekenntnisses proklamiert. Dieses kann deshalb frei sein, weil die gemeinsame kultische Handlung es ist, die die Glieder dieser freien Kirche ohne Dogma zusammenschließt.

*

Solche Gebärden des Kultus predigen wirksamer als jede Erörterung. Sie gehen allmählich in das Lebensgefühl der Teilnehmer über und werden dadurch ein unveräußerlicher innerer Besitz, dessen Kraft sich im Leben und in dessen Schicksalen erweisen will. Im Kultus-Bild, im Kultus-Wort, in der Kultus-Gebärde äußert sich das umfassende Weltenwort, das vom höheren Sinn alles Vergänglichen raunt und den Menschen seinem ganzen Wesen nach – als Wahrnehmenden, Sprechenden und Tätigen – anredet und anregt.

# Überblick über den Aufbau der Menschenweihehandlung

Bei unserem Bericht vom erneuerten Kultus haben wir in erster Linie die Menschenweihehandlung im Auge, die unter den Sakramenten das Herzstück bildet. Sie wird grundsätzlich und auf das Ganze der Christengemeinschaft gesehen (Ausnahme gibt es in kleineren Gemeinden) nicht nur sonntags, sondern täglich gefeiert, unabhängig davon, ob Teilnehmer anwesend sind oder nicht. Zwar stellt sie das Gebet der Gemeinde dar und begründet ihrerseits Gemeinschaft, doch wird sie auch im Namen der ganzen christlichen Menschheit gehalten, die unsichtbar Beteiligten, ja die Entkörperten einbezogen. Es geschieht stets vormittags, bei aufsteigender Sonne; einmal im Jahr, zu Weihnachten, sogar unmittelbar nach Mitternacht bei der ersten Wende zum Licht. Ihr Vollzug entspricht im geistig-religiösen Bereich dem regelmäßigen, verläßlichen, die Erde täglich segnenden Aufgang des Tagesgestirns. Wer immer die innere Sonne für seine Seele, sein Tagewerk, aber auch für das Leben der Erde sucht, kann sich an ihr beteiligen.

Zum Erspüren des höheren Gesetzes, nach dem der Kultus vollzogen wird, kann es von Wert sein, die Gliederung des Altargeschehens ins Auge zu fassen und seinen erhaben-ruhigen Atem wahrzunehmen.

Jeder Teil beginnt mit der kurzen Anrufung von Vatergott, Sohnesgott, Geistgott, wobei von Priester und Gemeinde die Bekreuzigung vorgenommen wird, wie wir im vorigen Kapitel geschildert haben, und endet mit dem Wort »Christus in euch«, bei dem sich der Zelebrierende der Gemeinde zuwendet und auf das der Ministrant im Namen der Gemeinde antwortet.

Die Worte lauten anders als bei der traditionellen »trinitarischen Formel« und dem entsprechenden Segen in den Kirchen. Das »Im Namen Gottes« gliedert sich zu einem vertieften Erleben des göttlichen Seins, Schaffens und Leuchtens. Das Walten Gottes als des Dreieinigen wird dabei in das Grundgefühl des menschlichen Lebens aufgenommen. Und der Segen lautet nicht mehr: »Der Herr sei mit euch«, sondern, nach innen gewendet: »Christus in euch.« – Von Sinn und Wert der häufigen Wiederholung solcher Sätze haben wir im ersten Kapitel schon gesprochen.

Der allererste Teil der Weihehandlung, gleich nach dem Klingelzeichen und noch vor den Stufen zum Altar, enthält diese beiden Wortfolgen unmittelbar nacheinander. Sie werden hier dem ganzen Geschehen zugrunde gelegt.

Danach rahmen sie zunächst das am Eingang zur Weihehandlung stehende, im Jahreslauf wechselnde, aus der jeweiligen Fest- oder Zwischenzeit hervorgehende Gebet ein, rechts am Altar gesprochen.

Durch dieses von der Jahreszeit, ihrer Stimmung und Farbe her beleuchtete Tor treten wir in den Raum der unveränderlich verlaufenden Weihehandlung ein, die allerdings noch durch die dem Jahres- und Festeslauf folgende Verlesung aus dem Evangelium unterbrochen wird

und durch einzelne festzeitliche Einfügungen ihre besondere Betonung erhält.

Der Hauptabschnitt besteht immer aus den vier Teilen:

*Das Evangelium.* Der Priester tritt von der Mitte aus an
die linke Seite des Altares, wohin das Buch von rechts hin-
übergetragen worden ist. Nach dem vorbereitenden
Gebet wird ihm die farbige Casula zeitweilig abgenommen (siehe das vorangehende Kapitel »Bild, Wort und
Gebärde im Kultus«); er verliest den für den betreffenden
Tag oder die Woche vorgesehenen Abschnitt aus dem
Neuen Testament. Dazu erhebt sich die Gemeinde. Nach
der hier folgenden kurzen Predigt (nur sonntags) und dem
Credo (dem neuen Glaubensbekenntnis der Christengemeinschaft) wird – wieder in der Mitte des Altars – der
erste Teil abgeschlossen. In bestimmten Festzeiten erfolgt
hier eine feierliche Einschaltung. Jetzt trägt der Altarhelfer das Buch nach rechts. Der Priester beginnt wiederum
in der Mitte den zweiten Teil:

*Die Opferung.* Zuerst enthüllt er den beim Beginn der
Weihehandlung bedeckt hereingetragenen und auf den
Altar gestellten Kelch. Er tritt nach rechts und spricht das
Gebet der Opferung; er nimmt den noch leeren Kelch zur
Hand und füllt ihn mit Wein (Traubensaft) und Wasser,
die ihm der Ministrant in zwei Kännchen reicht; in die
Mitte zurückgekehrt, erhebt er den Kelch; Wort und
Gebärde vereinigen sich zu jenem Geschehen, das in der
Gemeinde als Erhebung der Herzen erlebt wird. Bald

reicht der Helfer dem Zelebrierenden das Rauchfaß, und es erfolgt die erste Räucherung in der Mitte des Altars; sie wird unterbrochen durch ein Emporheben der Hände; dann folgt der Abschluß der Opferung. Der Priester bleibt fortan in der Mitte stehen. Das Buch aber wird jetzt wieder an die linke Seite des Kelches getragen für den dritten Teil der Weihehandlung. – Er beginnt mit der wortlosen, andächtigen Umräucherung des Altars:

*Die Wandlung.* Der Charakter dieses Teiles ist ein anderer. Weder werden, wie bei der Evangelienlesung, das Gewand und die Richtung des Sprechens verändert, noch wechselt, wie bei der Opferung, der Priester den Standort. Die Wandlung ist, schon was die Bewegungen am Altar betrifft, der verhaltenste Teil. Diese Stille drückt sich auch darin aus, daß der Helfer in diesem Abschnitt an keiner Stelle, wie bei der Opferung und Kommunion, das »Ja, so sei es« einfügt. Am Schluß des Teiles spricht er: »So sei es.« – Diese Bekräftigungen entsprechen dem vom Hebräischen herrührenden altehrwürdigen »Amen«, das im Kultus der Christengemeinschaft an anderen Stellen auch als solches vorkommt. – Am Höhepunkt der Wandlung spricht der Priester die Einsetzungsworte Christi zum heiligen Mahl und beugt dabei das Knie. Er bricht eine kleine Brotscheibe (Hostie) und tut einen Bruchteil davon in den Kelch, so daß Brot und Wein sich verbinden. Dann nimmt er den Kelch zur Hand, beugt wieder das Knie, stellt den Kelch zurück und segnet Brot und Wein mit dreifachem Kreuz. – Der Wandlung folgt das *Vaterunser*. Es wird – da oft danach gefragt wurde, sei es erwähnt – in *dem* Wortlaut gesprochen, der sich an den Urtext anschließt und der den Schluß »Denn Dein ist das Reich und die Kraft und die Herrlichkeit« nicht enthält (der übrigens auch im Lukasevangelium – 11. Kapitel – der Lutherbibel fehlt). Der Schlußsatz ist ein etwas später entstandener, liturgischer Zusatz zum Urtext. Dieses erhebende, von vielen geliebte erweiterte »Amen«, die Antwort der urchristlichen Gemeinde, bleibt im Rahmen der Weihehandlung also ungesprochen, kommt aber bei anderen Gelegenheiten in den sakramentalen Wortlauten der Christengemeinschaft durchaus vor.

Jetzt wird das Buch an die rechte Seite des Kelches getragen, und es beginnt der vierte Teil:

*Die Kommunion.* Dieses Wort bedeutet »Vereinigung«. Am Höhepunkt dieses Teiles wird das heilige Mahl vollzogen: Indem der Priester zuerst nach dreimal wiederholtem Gebetswort Brot (die von ihm bei der Wandlung geteilte Hostie) und Wein zu sich nimmt und danach vom Übrigen der Gemeinde austeilt, soweit sie an den Altar vortritt und dadurch zum Ausdruck bringt, daß sie die Kommunion empfangen will. Diese erfolgt, im Unterschied zur Handhabung in der katholischen Kirche, in »beiderlei Gestalt« von Brot *und* Wein. Der Empfang ist ein besonders inniger Ausdruck der Verbundenheit mit dem Altargeschehen und dadurch auch der Mitgliedschaft in der Christengemeinschaft. Wann und wie oft die Kommunion empfangen werden kann – das rührt an das Innerste und ist eine persönliche und seelsorgerliche Frage, die Gegenstand eines Beichtgespräches sein kann. – Nach der

Darreichung von Brot und Kelch wird dem Teilnehmer das Friedenswort mit auf den Weg gegeben. Vor dem abschließenden »Christus in euch!« sind Brotschale und Kelch wieder bedeckt.

Der Hauptabschnitt der Weihehandlung ist vollzogen. Aus dem im stetigen Ur-Rhythmus verlaufenden Geschehen treten wir nun durch das von der Jahreszeit gekennzeichnete Tor – das Anfangs- und Schlußgebet mit der erwähnten Umrahmung – wieder heraus in unsere Zeit und in die äußere Welt, in der sich das Christentum bewähren soll. Der Priester spricht, zur Gemeinde gewandt, das Abschiedswort des Kultus und verläßt, den bedeckten Kelch in den Händen, den Weiheraum.

Den Beginn der Weihehandlung hatte das Anzünden der Altarkerzen durch den Helfer angezeigt. Jetzt werden sie wieder ausgelöscht; damit ist der Gottesdienst beendet.

*

Die Gliederung der Weihehandlung wird – an Sonn- und Feiertagen – vielfach durch die Musik noch deutlicher. Zwischen den erwähnten Hauptteilen können musikalische Einschaltungen erfolgen, z. B. nach der Evangelienverlesung bzw. dem Credo, nach der Opferung oder der Wandlung. Meist wird zwischen Opferung und Wandlung von der Gemeinde ein Lied gesungen. Ein zweiter Gesang kann nach der Kommunion folgen. Die dem Kultus der Christengemeinschaft entsprechenden Musikstücke und Gemeindelieder liegen in verschiedenen Proben gedruckt oder vervielfältigt vor. Im ganzen ist diese Musik noch im Werden und steht als immer neue künstlerische Aufgabe vor uns. Das Singen der Gemeinde wird angestrebt und gepflegt – aber in einem gegenüber der alten Choralmusik neuen Stil.

*

Die Menschenweihehandlung schreitet, wie wir gesehen haben, durch eine feierliche Folge von Stufen, deren erste die der Verkündigung ist. Zu ihr gehören Vorbereitung, Lesung des Evangeliums und die hinzutretende Predigt. Diese findet, wie schon erwähnt, in der Regel nur sonntags und feiertags statt. Sie hat dann ihren sinnvollen Platz nach der Evangelienlesung, an die sie anschließt und die sie bis zu den Aufgaben unserer Gegenwart hin gleichsam fortsetzen will.* Im Rahmen der Weihehandlung kann sie nur kurz sein. – Die Christengemeinschaft kennt auch den besonderen Predigtgottesdienst, der aber in der Regel nachmittags oder abends stattfindet. Er wird ebenfalls mit einer Lesung von der Kanzel oder, bei bestimmten Gelegenheiten, vom Altar her eingeleitet und mit einer längeren Predigt, Schlußlesung und dem Vaterunser durchgeführt. Diese Form des Gottesdienstes kann aufgefaßt werden als ein ausgedehnter erster Teil der Weihehandlung ohne Fortsetzung. – Im Protestantismus ist diese Art der »Vesper« zum Hauptgottesdienst geworden. Das Wort Gottes wird verkündet und in der Predigt ausgelegt. Der Übergang zur anschließenden Opferung, Wandlung und

---

* Sie kann jedoch auch vor Beginn der eigentlichen Menschenweihehandlung stattfinden.

Kommunion ist fortgefallen und verlorengegangen, abgesehen von der verhältnismäßig seltenen Abendmahlsfeier, die – von diesem Gesichtspunkte aus – ohne Vorbereitung und vollen Zusammenhang dasteht.

*

Der Aufbau eines den ganzen Menschen beteiligenden Gottesdienstes ergibt sich aus dem tief begründeten Rhythmus von Evangelium, Opferung, Wandlung, Kommunion mit ihrer Einleitung und Ausleitung. Jede Begegnung des Menschen mit der Welt, ja jedes Gespräch von Mensch zu Mensch verläuft im Wechsel von Empfang eines Eindruckes, Hingabe an diesen, eigener Äußerung, Verarbeitung und Gemeinsamkeit. Zuerst vernimmt man ein Wort, dann hat man zu antworten; daraus ergibt sich ein Neues und die Möglichkeit der Vereinbarung oder Zusammenarbeit.

In einem allerdings anderen, höheren Sinne ist auch der Gottesdienst ein vom Menschen ehrfürchtig gesuchtes Wechselgespräch. Nun nicht mit der Welt oder den anderen Menschen, sondern mit Gott, dem Urgrund alles Menschenwesens. Das Gebet beginnt mit der Bereitschaft zu hören, die Kunde der geistig-göttlichen Welt aufzunehmen; der Mensch öffnet sich dem *Evangelium*. Der zweite Schritt ist die Antwort des Menschen, die er durch die Christuskraft in sich geben kann: Hingabe seines eigenen Wesens an diese Offenbarung, an die Welt des Guten: *Opferung*. Aus der Andacht erwächst das Erspüren der *Wandlung*: das gesteigerte Wort Gottes wird Ereignis, das Mensch und Erde ergreift. Dann aber kommt es wieder auf die Glaubens- und Willensbereitschaft des Menschen an. Ziel des Gebetes ist die Begegnung mit der Welt des Geistes und die Aufnahme der Gotteskraft in Geist, Seele und Leib: Vereinigung, *Kommunion*.

Die Weihehandlung stellt das Urbild jedes lebendigen Gebetes in seinem wechselvollen Verlauf vor uns hin und nimmt das persönliche Mühen und Beten in ihren großen Atem auf. Sie dient nicht dem Menschen, sondern Gott. Aber sie erteilt damit dem Menschen die ihm zukommende Aufgabe und Würde.

Am Schluß der Offenbarung Johannis (Kap. 21) schildert der Seher das »Neue Jerusalem«, die aus Licht und Edelstein erbaute Stadt. Sie ist das Wahrbild der durch die Tat Christi gereinigten und verwandelten künftigen Erde. Diese »Stadt« stammt von oben, denn der Seher sieht sie »aus dem Himmel herabfahren«. Doch auch die Menschheit muß sich – sogar maßgebend – an ihrem Entstehen beteiligen. Die Himmelsstadt wird von einem Engel mit goldenem Rohre gemessen – wir dürfen annehmen: immer wieder. Sie ist erbaut »nach dem Menschenmaß, das der Engel hat«.

So stammt auch der Gottesdienst, der dem Aufbau der neuen Gotteserde dienen soll, aus der Welt höheren Geistes. Aber auf die menschliche Mitwirkung ist er »zugeschnitten«, nach dem »Menschenmaß« ist auch er gegliedert. Auch deshalb heißt er *Menschenweihehandlung*.

# Die Kommunion im menschlichen Leben

Die Sakramente – es gibt deren sieben – begleiten und ergänzen den menschlichen Lebenslauf: Dem Naturvorgang einer Geburt folgt durch die Kindertaufe ein ergänzender geistiger Vorgang. – Ist das Kind 14 Jahre alt geworden und in die »Entwicklungsjahre« eingetreten, so macht es eine Seelengeburt durch. Auch hier ergänzt ein Sakrament den Vorgang nach innen hin, festigt und segnet die junge Seele: die Konfirmation. – Der erwachsene Mensch gewinnt ein immer reicheres Innenleben durch Erfahrung und Erinnerung. An den Kreuzwegen seines Lebens sucht er Halt zu machen, um Überschau zu gewinnen und nicht in Problemen, Konflikten, Schuld, Reue, Planlosigkeit zu vergehen. Dieser Schicksalsentfaltung kann klärend und helfend das Sakrament einer neu verstandenen und neu gehandhabten Beichte als Weg nach innen entgegengestellt werden. – Haben sich Mann und Frau im Innersten zu gemeinsamer Lebensgestaltung gefunden, so offenbart diesen Vorgang in religiös getragener und sozial fruchtbarer Weise das Sakrament der Ehe. – Das verborgene Geistesstreben der Menschen tritt – stellvertretend für alle echten Berufungen – im Sakrament der Priesterweihe hervor und vermag sich an ihm zu orientieren. – Geht ein Mensch aus dem körperlichen Leben über in das körperlose – in den Tod –, so wird dieser

Weg des Sterbens begleitet und geschützt durch das Sakrament der letzten Ölung (Sterbeweihe).

Wie aber verhält es sich in diesem Zusammenhang mit demjenigen Sakrament, das wir als ein Herzstück aller anderen empfinden, mit dem Abendmahl oder – wir sagen meist – der Kommunion? Wo findet sie ihren Ansatzpunkt am natürlichen Leben?

Was das Kind noch nicht vermag: der erwachsene Mensch durchdringt mit der Seele den Leib. In Arbeit und Ruhe, Lust und Schmerz kostet er ihn aus. Ja er bemächtigt sich – bis zu einem gewissen Grade – seiner und macht ihn zum Instrument seines Wirkens. »Verleiblichung« ist die Aufgabe des kraftvoll im Leben stehenden Menschen – sonst könnte er nicht seinen Mann stehen, seinen Beruf ausüben. Noch mehr: weit über den eigenen Körper hinaus macht der Mensch auch die Erde zu seinem Leibe – indem er sie nützt, sie landwirtschaftlich bearbeitet, ihr die Bodenschätze abgewinnt, indem er Häuser baut, Maschinen erfindet, Kunstwerke schafft usw. Immer wieder neu muß er seine Energie spielen lassen, um mit den Aufgaben und Schicksalen des Lebens gestaltend fertig zu werden.

Dabei drohen ihm Gefahren. Vor allen zwei: die eine, daß er der Schwere der Erde, ihren Genüssen und Ängsten verfällt, indem er allzu materiell zu denken und zu empfinden beginnt. Dann verliert er die höhere Welt und seinen Ursprung. Und die andere Gefahr: daß er die Erde und ihre Gesetze verkennt oder verachtet, sich rauschhaft in Stolz und Phantasie hineinsteigert und so den Boden unter den Füßen verliert. Einmal verkörpert er sich zu tief, das andre Mal zu flüchtig.

Das Leben ist immer wieder ein Wagnis; manchmal gleicht es einer Gratwanderung, bei der es notwendig wird, vollbewußt das Gleichgewicht zu suchen und den Blick fest auf ein Ziel zu richten. Aber auch im alltäglichen Lebenskampf findet das feinere christliche Gewissen fast täglich neu Anlaß, die Seele in die ausgewogene Lage zu bringen zwischen Außenwelt und Innenwelt, Pflicht und Phantasie, Erde und Himmel. Der Mensch sehnt sich nach einer klaren Orientierung für die Richtung seines Strebens nach Vergeistigung einerseits und Erfüllung der Erdenaufgaben andererseits. – Die Begegnung mit Christus gibt eine solche Orientierung.

In der Kommunion können wir das Sakrament erkennen, das der geschilderten Verleiblichung der Seele im Alltagsleben vom Geiste her entspricht. Es kommt deshalb dem erwachsenen Menschen zu, dem Jugendlichen erst von der Konfirmation an. Dieser folgt unmittelbar das erste Kommunizieren des jungen Menschen. Einen Gottesdienst nicht nur in Gedanken und Empfindungen zu feiern, sondern ihn auch in der willentlichen Bereitschaft zu begehen, die Gotteskraft des Christus in sich wirken zu lassen – das ergänzt und heilt die einseitige oder unsichere Verleiblichung. Unsere Sprache sagt, man könne sich Einsichten oder Erlebnisse »einverleiben«; sie läßt einem Wahrheiten oder künstlerische Eindrücke »in Fleisch und Blut übergehen«. Solche alltäglich gebrauchten Ausdrücke rühren nah an das Geheimnis des Abendmahls. So wie wir fortwährend im Beruf und Leben Absichten, Pflichten, Pläne verwirklichen, so dürfen auch unsere innersten Angelegenheiten, die Entschlüsse des gläubigen

Herzens nicht in einer wirklichkeitsfernen Glaubenswelt schweben bleiben, sondern sollen, ihrerseits herabgetragen bis in alle Tiefen des Lebens, erst wahrhaft christlich werden. Was Christus der Welt gebracht hat, ist derart, daß es nicht nur hohe Gedanken anregt, sondern auch Herz und Willen in Bewegung setzt. Recht aufgenommen wird es zur Nahrung. »Solches tut zu meinem Gedächtnis«, hatte der Herr gesagt, als er die Jünger lehrte, durch die Aufnahme von Brot und Wein sich seinem Geiste zu verbinden.

Das physische Brot und der physische Wein bei dieser »Ernährung« lehren uns den Christusgeist im Bereiche der Natur zu sehen. Sie bilden die leiblichen Anhaltspunkte für einen Wandlungsvorgang, der höhere Kräfte entbindet. Mit der kleinen Scheibe Brot nehmen wir bei innerer Bereitschaft weit über den leiblichen Ernährungsvorgang hinaus eine formend-gestaltende Kraft in uns auf für Leib, Seele und Geist. Mit dem Wein – die Kraft der Lösung und Befeuerung.

Christus hat nicht von ungefähr das Abendmahl im Anschluß an eine Tradition des Ordens der Essäer gerade mit Brot und Wein gehalten. Er belehrte und heilte, indem er diese Naturgaben austeilte. Auch heute – mitten im brandenden Zivilisationsleben – stellt uns die Teilnahme an der Kommunion gerade durch ihren geistig-physischen Charakter in das rechte Verhältnis zwischen Geist und Natur, Himmel und Erde. Sie erweckt die Bereitschaft, im Sinne Christi zu handeln.

*

Inwiefern ist das Brot besonders geeignet, der Speisung durch den Geist zu dienen? Könnte dies nicht ebensogut ein anderes Nahrungsmittel tun? – Das Mehl für unser Brot entstammt dem Samenkorn. Und dieses enthält bei aller seiner körperlichen Kleinheit den Bildekräften nach die ganze Pflanze. Es ist weder ein Teil der Wurzel noch einer vom Blattwerk, noch von der Blüte, sondern es ist ein Gebilde eben der Pflanze als eines Ganzen, ihre konzentrierte Zusammenfassung. Das Getreidekorn stellt überdies gegenüber anderen Samen und Früchten noch in einem besonderen Sinne »die ganze Pflanze« dar. Bei der Ernte bleibt weder Stamm noch Strauch zurück. Als einjährige Pflanze hat das Korn nicht »für sich gelebt«, sondern mit der Ähre auch den Halm hingegeben und seine volle Lebenskraft restlos in den Samen geschickt. Durch diese Hingabe ist das Getreidebrot eine besonders volle, nie eine einseitige oder dem Menschen mit seinem Geistesstreben unangemessene Nahrung. Man wird seiner nicht überdrüssig, auch wenn es Tag für Tag die Hauptnahrung bildet. Es ist für alle Schichten der Bevölkerung eben das »tägliche Brot«. Seine Nüchternheit ist gerade das Gesunde an ihm. So vermag es auch dem höchsten heiligklaren Geiste zu dienen, der die Erde bejaht hat.

Und der Traubensaft? In ihm haben wir das zu äußerster Feinheit in Gehalt, Aroma, Farbe und Duft emporgeläuterte Getränk, nach jeder Rebensorte und jedem Weinberg individuell abgestuft. Wein – nicht der Alkohol ist gemeint – erleben wir als das festlichste, befeuerndste Getränk der Erde. Wie ist er von der Sonne durchglüht worden, als die Beere in der Traube zum durchscheinenden Gefäß für den edlen Saft wurde! Wie weist er durch den klaren Schimmer auf seinen Sonnenursprung hin und läßt den Menschen, der ihn genießt, den seinigen ahnen!* Auch der Weinstock sendet fast seine ganze Kraft in die schwere Frucht, die er – sorgfältig gestützt und angebunden – selbst kaum zu tragen vermag. Naturhafte Hingabe lebt so auch in ihm. – Verleiht uns das Brot die Formkraft für das Leben auf der Erde, so bewahrt das Rebenblut uns vor der Verstrickung in das bloß materielle Dasein und befeuert uns zur Freiheit. Aber, damit kein Mißverständnis aufkomme: nicht das Brot und der Wein sind die heilende Arznei des Sakraments. Sie kommen von seiten der Natur dem Geiste entgegen. Der Strom höheren Lebens, vom auferstandenen Christus ausgehend, ist es, der sich ihrer bedient, um den Menschen mit seiner Kraft zu speisen und ihn harmonisch zwischen Himmel und Erde einzuordnen.

*

Wann suchen wir den Empfang der Kommunion? Es wurde schon ausgesprochen: Wenn wir Christus im Namen der Menschheit dienen wollen, wenn immer wir mitten in einem Ringen mit den Lebensaufgaben stehen. Diese mögen aus Berufs- und Schicksalsaufträgen aller Art bestehen, aus beglückenden, besonders schweren oder treulich durchgetragenen; sie können ebensogut die Bewältigung des Leides fordern, wie der Sorgen, der

---

* Das klare Getränk wird beim Traubensaft nicht wie beim Wein durch Gärung, sondern durch vorübergehende Erhitzung (unter 100°) auch ohne alle chemischen Zusätze gewonnen.

Schuld oder der Schmerzen. Alles kann zum Anlaß werden. Die Kommunion ist das Sakrament des ganzen Lebens.

Die Teilnahme an ihr mag regelmäßig gesucht werden. Es ist aber auch möglich, an die Ereignisse anzuknüpfen: einen Gedenktag, an eine Lebenswende, eine bevorstehende Entscheidung, und ihnen dadurch einen Akzent zu verleihen. Niemand außer einem selbst braucht den Anlaß zu kennen, der einen zum Altar führt. – In einer Gemeinde kommen Menschen allerverschiedenster Art, mit mannigfaltigsten Schicksalen zum Sakrament. Was sie hier verbindet, ist nicht das Persönliche, sondern die Sehnsucht nach dem alle überleuchtenden Geisteslicht, das aus den gewandelten Erdengaben widerstrahlt.

Es mag Gelegenheiten geben, bei denen unmittelbar aus dem Miterleben der Weihehandlung heraus mit vollem inneren Recht der Entschluß gefaßt wird, vorzutreten und sich an der Gemeindekommunion zu beteiligen. Im allgemeinen wird es richtig sein, die Teilnahme vorzubereiten, indem man sie für eine bestimmte Weihehandlung ins Auge faßt, sich durch Denken und Verhalten darauf einstellt und – sich darauf freut. Das Ablegen einer Beichte kann ebenfalls eine wesentliche Hilfe sein. Dieses Sakrament – im Hinblick auf die Kommunion empfangen – vertieft und verstärkt die innere Vorbereitung.

*

Eine besondere Ausprägung des Sakramentes von Brot und Wein ist die Krankenkommunion. Wer durch längere oder schwere Krankheit, auch durch Siechtum, verhindert ist, an der Gemeinde-Weihehandlung teilzunehmen, dem kann sie am Krankenbett gereicht werden. Es wird dabei in der Regel nicht eine ganze Weihehandlung gehalten, sondern aus der vor der Gemeinde am Morgen des Tages vollzogenen werden einige Abschnitte wiederholt, wie auch das Vaterunser. Der Kranke wird mit Brot gespeist, das aus der Weihehandlung der Gemeinde zurückbehalten wurde. Ein Teil der Hostie wird mit dem Wein vereinigt, den der Kranke empfängt. Bei Schwäche oder Gefahr beschränkt sich die Feier in Kürze auf die Gabe der Kommunion selbst.

Mit besonderer Sehnsucht aufgenommen, vermag das Sakrament in Tagen des gesundheitlichen Ringens, in einer Lebenskrisis, in einer Genesungszeit seinen Segen dem Schicksal einzufügen. Keineswegs ist der Empfang vom Vorliegen einer Lebensgefahr abhängig. Schwerere oder andauernde Krankheit in jedem ihrer Stadien ist Anlaß genug. Dagegen soll das Sakrament der Letzten Ölung (über das an anderer Stelle zu sprechen ist) nur dann hinzugefügt werden, wenn Todesnähe besteht.

Hier haben wir ein Gebiet der Wirksamkeit der Christengemeinschaft berührt, das sich nicht wie der allgemeine Gottesdienst und die Vorträge vor der Öffentlichkeit vollzieht, sondern in die Stille des Einzelschicksales führt und daher von außen her weniger wahrgenommen wird. Es gehört aber zum vollen Bilde von der Anwendung der Kommunion im Leben des Menschen.

# Der Festkreis des Jahres

Der tägliche Gottesdienst verläuft, wie ausgeführt wurde, nach einer festgegründeten Gesetzmäßigkeit. Dennoch wird die Weihehandlung nicht als ein einförmiges, sondern ein immer neues Geschehen erlebt. Anfang und Ende, Evangelium und Einschaltungen wechseln. Aber auch der Stil, die Stimmung, die Farbe des Kultus verändern sich mit seinen »Gezeiten«. Erst derjenige kennt die Weihehandlung von allen ihren Seiten her, der ein Jahr lang mit einer Gemeinde mitgelebt hat. Ja, er wird gewahr, daß auch weiterhin immer neue Lichter und Klänge, neue Tiefen und Einsichten in ihr zu entdecken sind. Viele Menschen freuen sich Jahr für Jahr von einer Festzeit auf die andere.

In der Christengemeinschaft werden nicht nur einzelne Festtage begangen, sondern es wird jeweils eine längere zusammenhängende Zeit gefeiert, die von dem Fest ausgeht und ihm nachschwingt oder darauf vorbereitet; dadurch wird das Erlebnis ruhiger und gründlicher. Auch die Werktage sind noch durchzogen vom Duft des hohen Tages.

Allgemein bekannt ist die Weihnachtszeit als solch eine »ungewöhnliche« Zeit, deren beseelte Fülle besonders die Kindheit vieler Menschen bereichert hat. Aber auch die Adventszeit, die auf Weihnachten vorbereitet, ist seit

Jahrhunderten vielen vertraut, ebenso wie die ernste Passionszeit vor Ostern. Ihnen stellen sich nun neue Fest*zeiten* an die Seite.

Wir beginnen mit dem *Advent,* der seit jeher das Eingangstor zum »Kirchenjahr« bildet. Er reicht von Ende November oder Anfang Dezember durch vier Sonntage bis zum »Heiligen Abend« vor Weihnachten. Längst ehe bürgerlich das neue Jahr beginnt, hat es christlich schon angehoben: aber wie im verborgenen keimend. Durch Kultus und Evangelium hat diese – nicht von einem Fest ausgehende, sondern auf dieses hinführende – stille Zeit in der Christengemeinschaft eine vorher nicht geahnte Vertiefung erfahren. Es wird nicht nur im Sinne der alttestamentlichen Prophetie auf das geschichtliche Kommen Christi hingeblickt, sondern vor allem auf geistige Ereignisse, die dem Gegenwartsmenschen als ein inneres Weihnachtsgeschehen bevorstehen, auf die »Wiederkunft« Christi.

In der dunkelsten Zeit des Jahres folgt *Weihnachten* mit seinem hellen Glanz. Die geschichtliche Geburt des Jesus-Kindes in Bethlehem steht festlich im Mittelpunkt. Über der Krippe aber leuchtet die himmlische Offenbarung des Gottes-Sohnes, der aus Liebe zur Erde kommt. Der Weihnachten feiernde Mensch kann eine innere Geburt des Christuswesens in seiner Seele mitvollziehen. – Drei voneinander verschiedene Weihehandlungen werden am Weihnachtstag gefeiert: um Mitternacht, am Morgen und am Vormittag. Licht, Wort und Wesen des Christus begegnen uns als die Quellen der Ur-Weihehandlung für das ganze Jahr. Die dritte dieser Handlungen begleitet die

Gemeinde durch die ganze Weihnachtszeit bis vor Epiphanias (Erscheinung Christi, 6. Januar).

Mit dem *Erscheinungsfest* oder dem der »Heiligen Drei Könige« hat die Weihnachtszeit ihren Abschluß gefunden. Hier beginnt für die Christengemeinschaft eine neue Epoche, die Weihnachten ablöst und durch den ganzen Januar währt, dem vorangegangenen Fest verwandt und doch ganz neu. Ihre Hauptmotive sind der Stern über Bethlehem, das Evangelium von den Weisen aus dem Morgenland und die Erscheinung Christi 30 Jahre später bei der Jordantaufe.

Nach dem zusammenhängenden Festreigen von Advent, Weihnachten, Epiphanias kehrt die Weihehandlung zu einer Urform zurück, die in den Zeiten gilt, die keinen besonderen Festcharakter tragen. So wie innerhalb der Weihehandlung der Ausgang für jeden einzelnen Teil von einer Hinwendung zu Vater, Sohn und Geist genommen wird, so beginnt und schließt die ganze Weihehandlung zu diesen Zeiten mit einem trinitarischen Gebet. Darin entfaltet sich ein Ur-Erlebnis des Christentums, das den Menschen innerlich klärt und ordnet: Gott als Vater schenkt uns Menschen aus der Tiefe seines Wesens das Dasein, Gott als Sohn begleitet unser Leben und Schaffen auf Erden, Gott als Geist erleuchtet unser Wahrnehmen und Erkennen. – Inwiefern erscheint Gott dem christlichen Bewußtsein in dieser Dreifalt? Warum legt das Christentum auf diese scheinbar so komplizierte Vorstellung den größten Wert? Von einem ersten Gesichtspunkt aus können wir sagen: Weil der bewußte, voll im Zeit-Erleben darinnenstehende (also gerade der heutige!) Mensch einerseits durch sein Gedächtnis in die Vergangenheit zurückblickt, andererseits in der unmittelbaren Gegenwart seine Lebensaufgabe sieht und schließlich auch in die Zukunft vorausschaut. Suchen wir Menschen Gott im Rückblick auf die Vergangenheit, so werden wir inne, daß wir selbst von ihm herstammen; er erscheint uns als Gott der *Vater*. Suchen wir die göttliche Hilfe im jetzigen Augenblick unseres täglichen Lebens, so finden wir sie bei Christus als dem zur Erde gekommenen Gottes-*Sohn* und Menschenbruder. Blicken wir vor in die Zukunft, so leuchtet er uns als Heiliger *Geist* entgegen. – Soviel zum Charakter der Einleitung zur Weihehandlung in ihrer grundlegenden Form.

Kultische Zeiten ohne besonderes Festgepräge gibt es außerdem nach Pfingsten, zwischen Johanni und Michaeli (Ende Juli bis Ende September) und zwischen Michaeli und Advent (Ende Oktober bis Ende November).

Zunächst aber sind wir noch im Frühjahr. Die erwähnte Zeit zwischen Epiphanias und Passion hat ein besonderes Kennzeichen: Je nach dem Kalender des betreffenden Jahres ist sie von kürzerer oder längerer Dauer. Denn die ganze Gruppe der Festzeiten: Passion – Ostern – Himmelfahrt und Pfingsten verschiebt sich im Jahreslauf von Jahr zu Jahr. Sie ist nämlich im Unterschied zu den Perioden um Weihnachten, zu Johanni und Michaeli nicht an bestimmte Jahrestage gebunden (den 25. Dezember, 24. Juni, 29. September), sondern abhängig von Sonne und Mond. Himmlische Zeichen müssen eintreten, bevor Ostern gefeiert werden kann. Der erste Vollmond des Frühlings, also der nach der Tag-und-Nacht-Gleiche des

21. März, muß sich gerundet haben: dann folgt der Oster-sonntag. Nach diesem durch den Mondengang im Ver-hältnis zu Erde und Sonne bedingten Termin zwischen Ende März und Ende April richtet sich die ganze Periode der Frühjahrsfeste in großartiger Beweglichkeit. Ein Reichtum ohnegleichen für das Jahreserleben liegt in die-sem kosmischen Rhythmus.

Wir treten nun vier Wochen vor Ostern, etwa dreiein-halb Wochen vor dem Frühlingsvollmond, in die *Passions-zeit* ein, in der – mitten im Frühjahr – die menschliche Schuld und das Leiden Christi besonders ernst und groß angeschaut werden. Sie ist mit ihren vier Wochen kürzer als in der alten kirchlichen Tradition, tritt jedoch durch das Kultuswort und die schwarze Kultusfarbe beson-ders markant hervor. Die vierte Passionswoche bildet als die Karwoche mit ihrem Höhepunkt am Karfreitag kul-tisch eine erhöhte Stufe der Erfahrung dieses Welten-Ern-stes.

Von Karsamstag auf Ostersonntag geht die Weihehand-lung unmittelbar über zum frohlockenden Osterjubel über die Auferstehung und Todesüberwindung. Durch fast sechs Wochen (40 Tage) erstreckt sich im erneuerten Kultus die *Osterzeit,* immer neu an die zentrale Verkündi-gung des Christentums heranführend.

Von Himmelfahrt bis vor Pfingsten dauert für zehn Tage die *Himmelfahrtszeit.*

Dann folgt *Pfingsten,* wiederum als festliche Zeit gefei-ert durch zwei oder drei Wochen: der Ursprung des christlichen heiligen Geistes und der vollmenschlichen Be-geisterung.

Nach der schon erwähnten Zwischenzeit der »Trinitatis«-Sonntage (wie der erste kirchlich genannt wird) kommt eine Fest-Epoche, die vollends neu ist: die *Johanniszeit.* Sie beginnt kultisch mit dem Sonntag nach dem Johannistag (24. Juni) und dauert vier Wochen. Die Gestalt Johannes des Täufers und seine Mission geben zusammen mit dem Hochsommer-Erleben der Weihehandlung jetzt ihren Charakter. Diese Zeit liegt der von Weihnachten im Jahreslauf gegenüber.

Den August und September über währt eine weitere Zwischenzeit. Sie führt hinüber zu *Michaeli.* – Wiederum an einem Sonntag – dem nach dem 29. September – beginnt für den Kultus die in der Christengemeinschaft neu dem christlichen Jahreslauf eingefügte, durch vier Wochen begangene michaelische Festzeit. In ihr wird auf das Antlitz des sonnenhaften Erzengels und Kämpfers für die Sache Christi gegen die Mächte des Bösen in der Welt hingeblickt. – Diese Zeit steht der Osterzeit im Jahreskreis bedeutsam gegenüber.

Ihr folgt im November wieder eine Zeit ohne Festcharakter, die den Abschluß des kultischen Jahreskreises bildet und in die neue Adventszeit einmündet.

*

Bei diesem Überblick haben wir bisher noch außer Betracht gelassen, in welche Farbe der Kultus in seinen festlichen Epochen jeweils getaucht ist. Wie schon berichtet, wechselt ja die Altarbekleidung, das Priester- und das Altarhelfergewand die Färbung. So wie jegliche Farbe nach Goethes Lehre bei Aufhellung eines Dunkeln oder bei Trübung des Lichtes im irdischen Bereich entsteht, so entfaltet sich auch das himmlische Geisteslicht im Seelenbereiche bei Helle und Dunkel je nach Jahreszeit und Naturstimmung zu einem reichen Jahres-Farbenbogen. Dem »farbigen Abglanz« sich mit ganzer Seele aufzuschließen, bedeutet, am pulsend-webenden Leben des Geistes-Lichtes teilzunehmen.

Zur vollen Übersicht führen wir hier noch einmal die Abschnitte des erneuerten christlichen Jahreslaufes auf und fügen die jeweilige kultische Farbe hinzu:

Grundlegende Weihehandlung: hellviolett mit orange
Advent: blau mit dunkelblau
Weihnachten: weiß mit hellviolett
Epiphanias: rotviolett mit dunkelrotviolett
Passionszeit: schwarz mit tiefschwarz
Ostern: rot mit grün
Himmelfahrt: rot mit gold
Pfingsten: weiß mit hellgelb
Johanni: weiß mit hellgelb (besondere Form auf dem
    Priestergewand)
Michaeli: Heckenrosenfarbe mit meergrün.

*

Der gottesdienstliche Jahresrhythmus ist ein anderer als der der Natur. Unabhängig von Klima und Breitengrad führt er die Christen aller Weltgegenden durch eine Art höheren Jahreslaufes. Deshalb werden die gleichen Festzeiten in Gegenden um den Äquator gefeiert, in denen sich die Jahreszeiten vermischen, wie auch auf der südlichen

Seite der Erdkugel, wo diese denen im Norden entgegengesetzt verlaufen. In der gemäßigten Zone der nördlichen Erdhälfte allerdings, wo das Christentum seinen Ausgang genommen und sich zuerst ausgebreitet hat, schwingen die Feste in einem harmonischen Akkord mit dem Rhythmus der Natur. In diesem Gürtel der Erde und erst recht in dem dazu besonders ausgewogenen Klima Europas wird das christliche Jahreszeiterleben von der Naturseite her mitgetragen und unterstrichen. Hier haben wir die Vergünstigung, daß die Natur zum Bild und Ausdruck wird für das Geschehen im religiösen Bereich. Das Evangelium kann gleichsam auch aus dem Buche der Natur abgelesen werden. Allerdings nicht direkt, sondern im Widerspiel. So wird uns das Weihnachtslicht mitten aus dem tiefsten Dunkel, »wohl zu der halben Nacht« geboren, so feiern wir Tod und Todesüberwindung Christi in der Zeit des neu aufsprießenden äußeren Lebens, das Johannesopfer in der Zeit des Höchststandes der Sonne und den sieghaften Kampf Michaels mit dem Drachen in der herben Herbstzeit.

Dieses Schwingen im Schritt der Jahreszeiten und gleichzeitig der Weihehandlung bedeutet viel für die Seele des suchenden Menschen. Hier schließt sie sich nicht ab in einer einsamen Innenwelt oder in einem ummauerten Kirchentum, nein, sie öffnet sich nach allen Seiten und empfängt die Kunde vom Geiste auch aus der von Gott geschaffenen Natur. Die Verfestigung durch Einseitigkeit und Dogmatismus überwindet der Gegenwartsmensch, indem er durch alle wechselnden Stationen des Jahres geht und die Schönheit der Welt lebensvoll wahr-

nimmt. Er begegnet dem Auferstandenen, dem die Erde
als sein lebendig pulsender geistiger Leib dient.

*

Der Gottesdienst ist die Stätte, an der Geistwelt und
irdische Welt sich begegnen, wo letztere zum Gleichnis
des Ewigen wird. Er ist auch die Stätte der Gemeinschaft
zwischen Lebenden und Toten. Der Kultus ist die Sprache, die von Erdenmenschen *und* von unverkörperten
Seelen vernommen und mitgesprochen werden kann.
Warum kennt die Christengemeinschaft in ihrem Jahres-
kreise keinen besonderen Allerseelentag oder Totensonn-
tag? Sie vermag sich zwar jederzeit mit dem Ernste zu verbinden, der an solchen Festtagen auch heute noch durch
das öffentliche Kulturleben zieht, und ihre Antwort auf
die bei solchen Anlässen auftauchenden Fragen beizusteu-
ern, der Toten gedenkt sie aber im Kultus Tag für Tag.
Aus diesem Grunde hält sich die Christengemeinschaft
mit der Einrichtung solch eines Gedenktages zurück.
Lebende und Entkörperte suchen gleichermaßen die Ver-
bindung mit dem durch die Zeit unsichtbar an unserer
Seite wandernden Christus.

# Zusammenfassende Gedanken

## *Zugang zum Kultus*

Wissenschaft, Kunst und Religion können, wenn sie sich recht verstehen, heute nicht voneinander weg-, sondern nur zueinanderstreben. Diese so verschiedenen Äußerungen des Geisteslebens folgen zwar jede ihren Gesetzen und Wegen, aber sie meinen im Grunde die eine gemeinsame Wahrheit; sie weisen hin auf die eine höhere Seite der Welt.

Wissen und Glauben voneinander zu trennen, wie es in den letzten hundert Jahren durch Naturwissenschaft und Theologie geschehen ist, führt zu einer Schwächung von beidem: Das Denken wird materialistisch und der Glaube kraftlos. Der Mensch, der meint, einer modernen, nur Stoff und Kraft anerkennenden Weltanschauung leben, zugleich aber in einer andern Region seiner Seele am Gottesglauben festhalten zu können, täuscht sich auf die Dauer. Er lebt gespalten als Alltagsmensch und – Sonntagschrist. Seine Hände – die tätige rechte und die dienende linke – falten sich nicht mehr. Das tägliche Leben in der Sinneswelt reicht nicht bis zur Erhebung und Begeisterung. Das Glaubensleben andererseits versagt gegenüber den Problemen des Alltags. Es kommt heute darauf an, daß die Hände sich neu finden lernen – zu ganzmenschlicher, kraftvoller Religiosität, die das gesamte Leben befruchtet und erhöht.

Einem solchen erneuerten religiösen Leben vermag der Gottesdienst, wie er in der Christengemeinschaft gepflegt wird, Ausdruck und Hilfe zu sein. Er nimmt das fühlende Herz in Anspruch. Aber nicht nur: zugleich weckt er ein kräftiges Mitdenken und -wollen. Der Mitfeiernde mag vom Gefühl für Andacht und Wahrheit ausgehen: er wird doch je länger je mehr auch sein Denken beteiligen und am Kultus reifen lassen. Ein andrer mag vom Willen, von der Bereitschaft zum Guten ausgehen: auch sein Gefühl wird vertieft, sein Denken angeregt werden. Wieder einem andern hilft zunächst die Einsicht in den Sinn und Aufbau des kultischen Geschehens. Er lernt sie zu erheben und zu wandeln in Andacht. Der ganze Mensch mit allen Sinnen, mit Herz und Atem, mit Entschlußkraft und Ausdauer ist aufgerufen, in das große Gebet einzustimmen, es mitzufeiern und mitzutragen.

Manch einer wird einwenden: das vermag ich noch nicht; ich kann mich nicht nahezu eine Stunde auf das Altargeschehen konzentrieren, nicht alles, was gesprochen und getan wird, in mich aufnehmen. Aus der Erfahrung darf dazu gesagt werden: man kann es lernen. Genau, wie uns andere Lebensfrüchte nicht ohne Mühe zufallen, brauchen wir im religiösen Leben – die Übung. Gerade der heutige moderne Mensch wird kaum damit rechnen, daß ihm die Tür zur Welt der Religion ohne weiteres offen steht. Aber jeder Schritt auf diesem Felde ist für das ganze Leben von Bedeutung.

Man denke nicht, es auf einmal »können« und ergreifen zu müssen. Der Kultus in seiner rhythmischen Wiederkehr, seiner Stetigkeit und in seinem Jahresgang regt dazu an, immer neu und mit Geduld sich der Geisteswelt zu öffnen. Das Tor zu ihr ist vielfach durch bisherige Weltanschauung, durch Dumpfheit, Schuld oder Alltagsdruck verschüttet. Manchem zwar wird bei der ersten Begegnung mit dem Kultus alles blitzartig klar. Er weiß: das ist die ihm von Ursprung an vertraute Welt, die er bisher auf Erden vergeblich gesucht hat; er stimmt mit Enthusiasmus zu. Aber auch er wird nach einiger Zeit sein Verhältnis zum Kultus neu greifen und gründen müssen, soll sich die Harmonie nicht wieder verflüchtigen. Ein anderer wird meinen, zunächst überhaupt nichts zu verstehen. Er hält sich vielleicht für einen »unkultischen« Menschen – merkt aber doch, daß ihm die Teilnahme wesentlich wird, nämlich dann, wenn er nicht nur in passiver Haltung das Geschehen »über sich ergehen läßt«, sondern anfängt, innerlich mitzusprechen und die Geschehnisse mit offenen Sinnen zu begleiten. Es gibt ein Zuhören, das »tätig« wird, ein Mitsprechen, bei dem sich die Lippen zwar nicht bewegen, das aber von innen her die Worte mitformt und -betet. Es gibt ein Anschauen, das sich beteiligt.

Nicht darauf kommt es an, daß wir die Fähigkeit mitbringen, die Weihehandlung in allen ihren Teilen und Äußerungen voll zu »beherrschen«, sondern darauf, daß wir diese Beteiligung der Seele lernen und den Ertrag dieses Lernens ins Leben mitnehmen.

Die Menschenweihehandlung ist einem tiefen Brunnen mit kristallklarem Wasser zu vergleichen. Ich kann an ihm vorübergehen oder am Brunnenrand stehen bleiben; ich kann mich aber auch dem Wasser zuwenden und daraus schöpfen – je nachdem: einen kleinen Becher voll, ein anderes Mal vielleicht einen ganzen Eimer voll. Wenn ich aber auch nur eine kleine Menge aus der Tiefe ans helle Tageslicht gebracht habe, ist meine Bemühung nicht umsonst gewesen. Es ist Gott damit gedient, daß wir Menschen aus seinem Gnadenbrunnen Wasser des Lebens emporholen. Wir erquicken nicht nur uns damit, sondern auch Geistes- und Erdenwelt. Und der Brunnen ist nicht auszuschöpfen: Aus der Tiefe quillt unaufhörlich sein Leben.

Manchmal vernehmen wir den Einwand: Die Christengemeinschaft mag gut und notwendig sein, persönlich aber kenne ich das Bedürfnis nicht, am Kultus teilzunehmen. Dazu nur das Folgende: Die persönliche Freiheit ist eine selbstverständliche Grundlage dieser religiösen Erneuerungsbewegung; niemand soll genötigt werden. Andere Wege werden als möglich vorausgesetzt. Aber, ehe man urteilt und an einer vom Schicksal nahegelegten Begegnung vorübergeht, prüfe man, ob dieses »persönliche Bedürfnis« wirklich so maßgebend sei. Wie wir schon zu Anfang dargestellt haben, ist die Weihehandlung ein gemeinsames, in die Sichtbarkeit tretendes inneres Tun; sie ist Gottes-Dienst. Kann es wirklich bei der Frage nach dem Gottes-Dienst so sehr auf ein »persönliches Bedürfnis« ankommen? Steht das überhaupt zur Debatte? Es soll ja nicht dem Bedürfnis – auch nicht dem verfeinerten – des Einzelmenschen gedient werden, sondern eine Tat geschehen, die der Gotteswirksamkeit auf der Erde die Wege ebnet. Daß damit letzten Endes auch dem Menschen und seiner Entwicklung Förderung wird, ergibt sich je nach seinem Schicksal und seiner Reife. Aber auf die rechte

Blickrichtung kommt es an: ob ich »mein Bedürfnis«, meine Person überhaupt ins Auge fasse – oder die brennende Notwendigkeit, daß von der Menschheit und Erde her Gott gedient werde. Der wohlwollend abseits Stehenbleibende stelle sich nur einmal vor: Die Menschenweihehandlung, die nun seit Jahrzehnten ihre Kraft entfaltet, sollte aufhören, im Blick auf die Geisteswelt gehalten zu werden – weil zu viele abseits stehenblieben, statt sich zur Verfügung zu stellen und innerlich tätig zu werden: eben nicht für sich, sondern im Namen der Menschheit!

Was die Christengemeinschaft zusammenhält, ist nicht eine bestimmte Lehre oder ein Sonderbekenntnis, sondern der sorgsam verrichtete und gebetete Kultus. Das Bekenntnis (Credo), das in der Menschenweihehandlung (nach der Evangelienlesung bzw. der Predigt-Ansprache) gesprochen wird, ist das Gesamtchristliche, nur in neuer Ausdrucksweise. Es läßt den Christen frei.

### Vom Umgang mit dem Kultuswort

Eine Frage, die der Christengemeinschaft des öfteren gestellt wird, lautet: Warum werden die Wortlaute der Menschenweihehandlung und der anderen Sakramente nicht herausgegeben, so daß sie privatim nachgelesen und studiert werden können? Manch ein Teilnehmer am Gottesdienst, wird gesagt, habe ein Interesse daran, den Text in der Stille Wort für Wort zu verfolgen und genauer zu überblicken. Ein andres Mal wird auf all die verwiesen, die am Gottesdienst nicht teilnehmen können, da sie abseits von einer erreichbaren Gemeinde wohnen oder weil sie krank oder alt sind. Wenn eine Geheimhaltung nicht gemeint sein kann: Welche Gründe sprechen für die von der Christengemeinschaft geübte Zurückhaltung, und wie kann der abseits Lebende dennoch am Leben mit dem Kultus teilnehmen?

Zunächst sei daran erinnert, was schon oft ausgesprochen wurde: daß alle Gottesdienste und Feiern der Christengemeinschaft öffentlichen Charakter tragen und jedermann ohne weiteres zugänglich sind. Die dabei gesprochenen kultischen Worte können daher jederzeit gehört, kennengelernt und miterlebt werden. Daß nicht alles auf einmal verstanden, aufgenommen und zu eigen gemacht werden kann, ist kein Schade. Es ginge dem einzelnen einem gedruckten Wortlaut gegenüber genauso. In einen kultischen Vorgang wächst man hinein – durch die Wiederholung, durch immer neues Hinhören, durch innere Beteiligung. Es ist die Erfahrung vieler, daß sich gerade dabei die Tiefen nach und nach erschließen, daß der eine und dann der andere Abschnitt aufzuleuchten beginnt und verständlich wird. Schließlich ist die Weihehandlung zu einem Bestandteil der eigenen Innenwelt geworden.

Kultus ist etwas ganz anderes als Literatur. Er ist ein Geschehen. Man hat ihn nicht, indem man ihn »schwarz auf weiß besitzt«, denn er lebt und webt im Bereich der seelischen Farbe und Bewegung. Man mache es sich an dem folgenden Vergleich deutlich: Ein Komponist hat, sagen wir, sein Lebenswerk krönend, ein Quartett geschrieben. Ihm würde nun zugemutet, nicht die Gesamtheit aller vier Stimmen herauszugeben, sondern die der ersten Geige allein, weil man sich für deren Melodie besonders interessiere. Er wird mit Recht darauf hinweisen, daß alles in seinem Werk zusammengehöre und daß man es im ganzen auf sich wirken lassen müsse, wenn man es wirklich hören will.

So ähnlich verhält es sich mit dem Kultus: Er besteht nicht nur aus einer Wortfolge, alles andere gehört genauso dazu – wie zweite Violine, Bratsche und Cello zur ersten Violine –, eben das Bild, das er darbietet, der Altar, die brennenden Kerzen, die Gewandung des Handelnden, der Umgang mit den kultischen Substanzen, das Verhalten der Gemeinde, ja der das Geschehen umhüllende Raum. Nicht Beiwerk ist es, sondern vollgültiger Bestandteil. Den Wortlaut daraus herauszutrennen, ist nicht möglich, ohne ihn zu isolieren und in gewissem Sinne zu verändern. Er »klingt« dann nicht mehr voll.

Gerade unserer Zeit, die geneigt ist, ein wachsend sich entfaltendes Lebewesen wie die Pflanze gar zu schnell zu zerpflücken und unter die Lupe zu nehmen, statt es in seiner großartigen Ganzheit anschauen zu lernen, wird die in der Christengemeinschaft geübte Handhabung des Kultischen zugemutet. Es ist dem modernen Menschen gut, wenn er sich – wenigstens im religiösen Bezirk – der schnell aufgelesenen Orientierung enthält und den ruhigen Weg des alle Sinne beteiligenden Erschließens und Erlebens wandert. Er wird vielleicht hie und da langsamer, aber dafür sicherer und vollmenschlicher seine Beziehung zum Christentum finden.

Bei der zurückhaltenden Verwaltung der Kultustexte durch die Christengemeinschaft hat man es also nicht mit einem Festhalten an jenen uralten Einrichtungen zu tun, durch die einem bevorzugten Priesterstand ein geistiger Besitz vorbehalten und ein Vorhang vor das Allerheiligste des Tempels gehängt wurde. Jener Vorhang ist beim Kreuzestod Christi ein für allemal zerrissen. Jeder Mensch ist heute aufgerufen, selbst zu hören, zu urteilen und zu handeln. Das Kultuswort erklingt voll verständlich in der Landessprache. – Im Gegenteil: mit dem Hinausführen über ein bloß intellektuelles Interesse an religiösen Dingen zu wirklich religiöser Haltung werden wichtige Schritte in die Zukunft hinein getan.

Der Kultus bedarf in unserer Zeit und inmitten der modernen Zivilisation eines gewissen Schutzes, für den alle mitverantwortlich sind, die ihn hochhalten. Diesen Schutz genießt er nicht durch Verbote und Gesetze, sondern wirksam dadurch, daß ihm sein Recht auf Ganzheit belassen und daß er nicht auseinandergenommen wird.

Man stelle sich nur vor, kultische Texte könnten, aus ihrem Zusammenhang gerissen, wo immer angewendet und zitiert werden. Vielleicht wird man es nicht immer verhindern können. Aber selbst darf die Christengemeinschaft die Hand dazu nicht bieten, weil es der Würde des Kultus nicht dienlich sein kann.*

Damit kommen wir zu der allerdings besonders berechtigten Frage derjenigen Menschen, die gerne teilnehmen würden, aber aus räumlichen oder Schicksalsgründen an

---

* In Gegnerschriften fand man gelegentlich sogar entstellte Wortlaute – ein Zeichen, wie heute mit solchem Gut umgegangen wird. Auch von uns selbst herausgegebene Wortfolgen, wie die des Glaubensbekenntnisses, wurden z. T. ungenau oder fehlerhaft wiedergegeben.

der Teilnahme am Gottesdienst verhindert sind. Sowie man sich in ihre Lage versetzt, ist einem klar, daß sie etwas entbehren. Aus dem oben Besprochenen ist aber vielleicht auch deutlich geworden, daß ihnen mit dem Text in der Hand allein gar nicht geholfen wäre. Hier kann man nur hoffen, daß die Christengemeinschaft sich ausbreiten darf, um an möglichst vielen Orten ihre Altäre zu errichten. Ein wegen der Entfernung nur selten möglicher Besuch der Menschenweihehandlung wird vielleicht ein doppeltes Gewicht haben dürfen. Und für die Alten und Kranken sei auch in diesem Zusammenhang an die Möglichkeit der Krankenkommunion erinnert.

Drei Bestandteile der Menschenweihehandlung befinden sich in der Hand jedes einzelnen oder sind leicht zugänglich. 1. *Das Evangelium.* Der zu der Jahres- oder Festzeit passende Abschnitt, wie er im Kultus verlesen wird, kann von jedem nachgelesen werden – ob er in einer Gemeinde lebt oder abseits. Er kann den Text der Lutherbibel verwenden oder eine neuere Übersetzung. Diejenige von Emil Bock (ein Band Evangelien, Apostelgeschichte, Briefe des Neuen Testaments, Offenbarung Johannis) hat sich gerade für den persönlichen Gebrauch und das Studium sehr bewährt.* – 2. Das in der Weihehandlung dem Evangelium folgende *Glaubensbekenntnis.* Der Wortlaut des »Credo« macht gegenüber den anderen kultischen Texten eine Ausnahme und ist von der Christengemeinschaft für ihre Mitglieder im Druck herausge-

---

* Neu bearbeitete Buchausgabe 1980 im Verlag Urachhaus Stuttgart.

geben worden.* Jedes Mitglied ist aufgefordert, sich mit diesem Wortlaut zu beschäftigen und ihn sich mehr und mehr zu eigen zu machen. – 3. *Das Vaterunser,* das in der Weihehandlung zwischen Wandlung und Kommunion seinen Ort hat. Es ist in der Regel jedem, der Religionsunterricht genossen hat, dem Wortlaute nach bekannt oder leicht erreichbar (Matthäusevangelium Kapitel 6, Vers 9–13).

Wer verhindert ist, an der Menschenweihehandlung selbst teilzunehmen, und sich dennoch mit dem gottesdienstlichen Geschehen verbinden will, hat mit diesen drei »Boten« aus dem Reich des Kultus eine schöne Möglichkeit, in der Stille eine Art Gottesdienst zu gestalten. Er kann, auch wenn seine Andacht eine kürzere ist, die Stunde wählen, in der die Gemeinde sich versammelt. Eine Hilfe ist es dabei, wenn man sich die Weihehandlung möglichst bildhaft in die Vorstellung ruft: den Raum, den Altar, die Farbe der Jahres- oder Festzeit und die Gestalten des Priesters und seiner Helfer.

*Herkunft der Menschenweihehandlung*

Kultus kann, wie schon eingangs angedeutet wurde, niemals Menschenwerk sein. Er läßt sich weder ausdenken, noch erdichten, noch aus ehrwürdigen Texten zusammenstellen. Jeder solche Versuch müßte scheitern. Wie

* Allgemein zugänglich z.B. auch in der Schrift von A. Müller und A. Suckau, »Werdestufen des christlichen Glaubensbekenntnisses« im Verlag Urachhaus, Stuttgart.

kommt er in Wahrheit zustande? Zwar durch höchste menschliche Hingabe – klares Denken, reinstes Fühlen, opferbereites Wollen –, aber eine solche, die sich als Organ für den Empfang hoher Gaben der Geisteswelt selbst öffnet. Kultus ist eine Spiegelung dessen im irdischen Bereich, was im »Reich Gottes« als erhabener Weltenkultus vor sich geht. Das Beten und Handeln höherer Wesen – wie es z. B. die Offenbarung Johannis als Geschehen vor dem Weltenthrone Gottes schildert – wird im Kultus vom Menschen mitgetan und mitgebetet. In dem Zusammenklang zwischen himmlischem und irdischem Geschehen liegt die Kraft und der Sinn des Gottesdienstes.

In alten Zeiten ist der Menschheit der Kultus – wie das moralische Gesetz – jeweils von oben her geoffenbart worden. Die menschlichen Seelenkräfte waren daran nur schwach beteiligt, was ihre bewußte, wache Seite anlangt. In unserer Zeit konnte nur eine voll bewußte Hingabe an die geistige Welt diejenige Offenbarung ermöglichen, die der für Gegenwart und künftige Jahrhunderte gemäßen Gestalt des Gottesdienstes zugrunde liegt. Sie ist von einer Persönlichkeit aufgebracht worden, deren Größe und Christlichkeit erst in der Zukunft allgemeiner verstanden werden wird: Rudolf Steiner (1861 bis 1925). Durch seine Vermittlung und helfende Tat ist der Christengemeinschaft der Kultus für den Dienst an der Erde anvertraut. Rudolf Steiner handelte als ein Diener und Bote des auferstandenen Christus.

Die Menschenweihehandlung wird stets öffentlich für jedermann zugänglich in den Gemeinden der Christengemeinschaft gefeiert. Diese ist vertreten in allen Teilen Deutschlands sowie in Österreich, der Schweiz, in Frankreich, Holland, Dänemark, Norwegen, Schweden und Finnland, England und Schottland, in den Vereinigten Staaten von Nordamerika, in Kanada, Brasilien, Argentinien und Südafrika. Die Sprache der Weihehandlung ist jeweils die Landessprache. In einzelnen Ländern wird sie in zwei Sprachen gefeiert.

Für die Kinder im Schulalter bis zur Konfirmation findet ein besonderer Gottesdienst statt: Die »Sonntagshandlung für die Kinder«.

KURT VON WISTINGHAUSEN
## Das neue Bekenntnis
Wege zum Credo. 2. Auflage, 92 Seiten, kartoniert

KURT VON WISTINGHAUSEN
## Die erneuerte Taufe
Eine Kindertaufe. 2. Auflage, 116 Seiten, 4 Abb., kartoniert

KURT VON WISTINGHAUSEN
## Der verborgene Evangelist
Studie zur Johannes-Frage. 168 Seiten, 8 Abbildungen, Leinen

HANS-WERNER SCHROEDER
## Vom Erleben der Menschenweihehandlung
2. Auflage, 40 Seiten, kartoniert

## Vom Kultuserleben
Hrsg. von Christoph Rau. 2. Auflage, 92 Seiten, kartoniert

JOHANNES LENZ
## Die neue Beichte
Eine Einführung in das Sakrament. 52 Seiten, kartoniert

JOHANNES LENZ
## Lebensgemeinschaft und Trauung
Das Sakrament der Ehe. 148 Seiten, kartoniert

JOHANNES LENZ
## Der Gottesdienst für die Kinder
56 Seiten, kartoniert

# VERLAG URACHHAUS STUTTGART

RUDOLF FRIELING

## Vom Wesen des Christentums

3. Auflage, 48 Seiten, kartoniert

## Wege zum Beten

Herausgegeben von Christoph Rau
Neuausgabe, 96 Seiten, kartoniert

RUDOLF MEYER

## Vom Sinn des Todes

und von der Gemeinschaft mit den Toten
6. Auflage, 56 Seiten, kartoniert

RUDOLF MEYER

## Vom Schicksal der Toten

7. Auflage, 167 Seiten, kartoniert

BARBARA NORDMEYER

## Fragen an das Schicksal

3. Auflage, 112 Seiten, kartoniert

ALFRED SCHÜTZE

## Vom Sinn des Schicksals

7. Auflage, 100 Seiten, kartoniert

ALFRED SCHÜTZE

## Vom Wesen der Trinität

2. Auflage, 207 Seiten, kartoniert

# VERLAG URACHHAUS STUTTGART

FRIEDRICH RITTELMEYER
# Aus meinem Leben

Neuausgabe. 432 Seiten, 29 Abbildungen, Leinen

Diese Autobiographie erzählt nicht die üblichen persönlich-all-zupersönlichen »Lebenserinnerungen«, sondern berichtet von einem lebenslangen Ringen nach theologischer Wahrheit und religiöser Erneuerung. Das macht dieses Buch zu einem wichtigen Zeitdokument, gleichermaßen für die Geschichte der protestantischen Kirche in unserem Jahrhundert wie auch für die der Christengemeinschaft.

Friedrich Rittelmeyer wurde am 5.10.1872 geboren und wuchs in der Atmosphäre eines protestantischen Pfarrhauses auf. Nach dem Abitur studierte er von 1890 bis 1894 Theologie und Philosophie in Erlangen und Berlin. Vikar-Zeit in Würzburg; Promotion mit einer Arbeit über »Nietzsche und das Erkenntnisproblem«. Von 1903 bis 1916 war er in Nürnberg als Pfarrer tätig und als großer Prediger weit geschätzt. 1916 wurde er an die »Neue Kirche« (»Deutscher Dom«) nach Berlin berufen, eine der angesehensten Stellungen innerhalb der protestantischen Kirche. 1922 gründete Rittelmeyer, mit der entscheidenden Hilfe Rudolf Steiners, zusammen mit einer Schar meist junger Theologen die Christengemeinschaft, deren Leitung er bis zu seinem Tod am 23.3.1938 innehatte.

FRIEDRICH RITTELMEYER
# Meine Lebensbegegnung mit Rudolf Steiner

9., um mehrere Beiträge erweiterte Auflage, 248 Seiten, 8 Abbildungen, kartoniert

# VERLAG URACHHAUS STUTTGART